Historia de vida

Everaldo Caridad Fernández Pantaleón

Historia de vida

AUTORA: EULALIA ESTELA PÉREZ DE ALEJO FERNÁNDEZ

Número de Control de la Biblioteca del Congreso de EE. UU.:   2023924559
ISBN: Tapa Dura   978-1-5065-5217-0
             Tapa Blanda   978-1-5065-5219-4
             Libro Electrónico   978-1-5065-5218-7

Fecha de revisión: 10/01/2024

Para realizar pedidos de este libro, contacte con:
Palibrio
1663 Liberty Drive
Suite 200
Bloomington, IN 47403
Gratis desde EE. UU. al 877.407.5847
Gratis desde México al 01.800.288.2243
Gratis desde España al 900.866.949
Desde otro país al +1.812.671.9757
Fax: 01.812.355.1576
ventas@palibrio.com
857170

ÍNDICE

DEDICATORIA

A Everaldo, mi esposo, a nuestra descendencia, sus familias y amigos.

AGRADECIMIENTOS

A Everaldo, por haberme casado con un hombre tan digno y haber conformado una extensa familia.

A la familia, que forma parte esencial de esta historia, hijos, nietos, nueras, yernos y a los amigos.

A mi hija Gudelia, por su ayuda en la redacción y corrección del escrito, su tiempo, preparación académica y posibilidades para hacerlo.

A mi hija Magalys, en la búsqueda de información, evidencias, fotografías, lectura de lo escrito y por el tiempo que dedicó a esta historia de vida.

A mi hija Felicia, por su cooperación en la búsqueda y cotejo de fotografías.

A mi hijo Ulises, por su ayuda en la impresión del documento.

A mi nieta Melissa, por sugerirme en sus condolencias a raíz del fallecimiento del abuelo, que continuara escribiendo los recuerdos y las memorias de mi esposo.

A todos los que se involucraron dando sus recuerdos memorables que indiscutiblemente desde sus vivencias enriquecieron esta historia y dieron fe de lo que para muchos representó Everaldo en sus vidas, mi profundo agradecimiento.

Eulalia Estela Pérez de Alejo Fernández

PRÓLOGO

Escribir la historia de vida de Everaldo Caridad Fernández Pantaleón, el esposo, padre, abuelo, suegro, amigo y hombre de bien ha sido un deseo cumplido para mi madre Eulalia Estela Pérez de Alejo Fernández, su viuda. En vida de mi padre ella le pidió que escribiera su autobiografía y así lo hizo en 6 cuartillas donde recorrió su infancia y más detalladamente su juventud y el incansable esfuerzo por lograr una vida próspera con los negocios de combustibles en la otrora provincia de Las Villas, así como ver crecer a su familia. Incorpora en la última cuartilla de dicha autobiografía una reflexión acerca de su visión sobre la condición humana a partir de lo vivido y como legado para su descendencia cito: "Inscriban en sus corazones, lo que atenta contra la libertad no produce resultados dichosos". "Sin más me despido por ahora, mi cariño y pensamiento para mis hijos, nueras, yernos, nietos y demás familiares. Papá Everaldo".

Ha sido conmovedora su ausencia física en estos 10 años, pero su fuerza, magnetismo y amor infinito por los suyos es imborrable, considerado para muchos un paradigma de hombre íntegro, inamovible en sus principios y ética. Justo en este momento es que mi madre encontró toda la fuerza para terminar lo que él comenzó y es lo que nos ofrece, infinitas gracias a tus 92 años. El formato de esta historia de vida, consta de 2 partes: la primera, se refiere a las facetas de vida del protagonista de esta historia Everaldo Caridad y desde la subjetividad y la narrativa de la autora se describe con un estilo biográfico su hoja de vida, los desafíos que tuvo que enfrentar sin perder la felicidad y el compromiso de tener una familia numerosa. En la segunda parte, los recuerdos memorables de hijos, nietos, nueras, yernos y amigos, donde se adjuntan otros testimonios, sean fotografías, escritos que constituyen evidencias e ilustran esta historia.

Para incontables familiares y amigos Everaldo permanecerá intocable en su pedestal y muy presente en los afectos. Se agradece esta historia insuperable por su pureza y autenticidad escrita de puño y letra por su viuda, que por más de 68 años pudo redescubrir a este hombre considerado por algunos como una leyenda. Groso modo, todo comenzó cuando ambos se cruzaban por los pasillos de la Academia de la maestra Adoración Rodríguez y al paso del tiempo se encendió la chispa del amor entre estos dos jóvenes hermosos, llenos de ilusiones y proyectos. Se decían que tendrían 12 hijos y tuvieron 13; que construirían una casa grande para disfrute de todos, donde crecieron sus hijos y no pocos nietos convivieron; que continuarían cuidando a sus madres y creciendo en el negocio de comercialización de combustibles soñado.

Un hombre con defectos y virtudes, pero si nos detenemos a descifrar el alcance de estas ideas encontradas en los apuntes que solía hacer resultado de sus lecturas y experiencias de vida nos daremos cuenta de la altura de este mortal. ¨Feliz el hombre que encuentra el conocimiento y la sabiduría de sí mismo¨; ¨lo que más urge es reaprender la forma de conducirnos siguiendo las leyes de la vida¨; ¨La amplitud del saber permite al hombre formarse ideas propias¨; ¨Si no buscamos paz y amor todos moriremos, entre otras.

Por último, agradecer a la familia y amigos por su apoyo, a mi esposo Iván Hernández López por su acompañamiento incondicional y especialmente, a mi madre por la posibilidad de ayudarla en este empeño, por revivir tantos momentos gratos o no de la vida de la familia, por la mezcla de vivencias, tiempo, redacción, conformación de ideas, de intercambio con familiares y amigos, por el disfrute de descubrir facetas de sus vidas que de hijos no siempre nos hubiésemos percatado. En definitiva será el lector el que aporte el criterio valorativo de esta historia de vida. Eterno agradecimiento a los que nos dieron la vida y educación.

Gudelia Fernández Pérez de Alejo

1

Facetas de la vida de Everaldo Caridad Fernández Pantaleón

"Bienaventurado el varón que no anduvo en consejo de malos, ni estuvo en camino de pecadores, ni en silla de escarnecedores se ha sentado [...] porque Jehová conoce el camino de los justos; más la senda de los malos perecerá".

Salmo 1, Versículos 1-6

Everaldo Caridad Fernández Pantaleón nació en el municipio de Güines, provincia de La Habana, el 1º de abril de 1927 a las 2:00 p.m. Su infancia no fue feliz, su padre Félix Luis Fernández Hernández falleció cuando Everaldo tenía 4 años y continuó al cuidado de su mamá María de los Ángeles Pantaleón Pérez ambos nacidos en Güines. Con la ayuda de un hermano de ella nombrado Clemente Pantaleón, van a vivir a Baracoa, provincia de Oriente, lugar que nunca olvidó y donde vivieron unos años. Su mamá trabajaba en la quincalla propiedad de su tío. En Baracoa conoce a Eufemio Morales, que más adelante fue su esposo, un hombre serio, responsable y trabajador que cuidó del niño hasta que se convirtió en un hombre.

Después pasan a vivir en la ciudad de Ciego de Ávila, provincia de Camagüey, allí tuvo un excelente maestro llamado Carlos Llanes en la escuela primaria que asistía. Ejercía como maestro en una silla de ruedas, quiso mucho al niño y le daba buenos consejos. Ya siendo un hombre Everaldo les recitaba a sus hijos muchas de las fábulas que aprendió en su clase, repletas de valores éticos y buena educación. En aquel entonces Everaldo lamentó tener que partir para ir a vivir a otro lugar. Viajó a la ciudad de Cienfuegos y más tarde a Santa Clara.

Everaldo siempre fue muy activo y trabajador, le gustaba vender artículos desde niño, trabajar en el comercio, tenía una gran visión de futuro. A los 14 años aprendió a manejar carros y a los 17 años fue mensajero de la ferretería "La Aplanadora", propiedad de Cabada y Ceballo, personas que lo apreciaban mucho, en ese entonces, trabajaba y estudiaba. Por las noches recibía clases en la academia privada de María de la Adoración Rodríguez, cursando el 7º y 8º grados. En ese lugar fue donde lo conocí, yo tenía 13 años y recibía las clases por el día. Posteriormente coincidimos en una excursión a "Tarafa" que organizó la Academia, para el grupo de estudio.

Testimonio escrito por Everaldo narrando el comienzo del negocio de combustibles. Año 1946 tomado de su autobiografía.

Comencé con un camión Chevrolet viejo y una pipa de 754 galones para alcohol y luz brillante de la Esso Standard Oil. Conseguía el alcohol por medio de Félix Morales, hermano de Eufemio que vivía en Cienfuegos; este habló con Castaño, dueño del central "San Agustín" de Cruces y la destilería de alcohol, para que me vendiera los 754 galones de alcohol. Le dijo a Félix, anótame el nombre y apellidos, notifícalo a Cobelo, el administrador y gracias al capitalismo y al empresario que nace con la cualidad de comerciar y construir; teníamos entonces 154 centrales y destilerías de alcohol.

Empecé a vender a las bodegas luz brillante y alcohol en los pueblos de la provincia de Las Villas, a los 5 o 6 meses fui a Zona Fiscal y saqué la patente de vendedor y a pagar impuestos; es increíble que alquilé un solar en el Callejón de la Pita, tuve allí 10 tanques de 55 galones para depositar parte del alcohol que traía de la destilería "San Agustín". Mis primeras salidas a vender fueron a los pueblos de campo de la provincia, pues empiezo en un giro donde había muchos vendedores de alcohol y luz brillante, este comienzo no fue fácil, pues los bodegueros, por lo regular, tenían un carrero al que le compraban. Escogí un día fijo para cada pueblo que visitaba, noté que a veces me compraban por la edad que tenía, pues en esa época con 19 años, ver a un joven vendiendo combustible y entrando en amistad era poco común; esos fueron mis inicios, los que me permitieron desarrollarme como comerciante. Hasta aquí su testimonio.

En 1948 iniciamos nuestro noviazgo. Everaldo era un joven muy apuesto, bonito, delgado y siempre muy limpio, bien peinado y pelado. Un día cuando yo había terminado mi carrera de maestra normalista y venía caminando con mi amiga Olga Quintana, él nos vio, cruzó la calle y me saludó. Después supe que averiguaba acerca de mi persona, me observaba por la calle y comenzó a escribirme a la casa de Adoración. Al tiempo me dijo que iría a mi casa a hablar con mi mamá, Perseveranda Fernández. Nosotras vivíamos en el campo, en el barrio "Loma Cruz" y una vez que habló con ella y esta le dijo que las visitas serían los jueves y domingos porque todos trabajábamos y yo me estaba preparando para presentarme al proceso de oposición para una plaza de maestra. Pasaron unos meses y el 17 de diciembre de 1949 nos casamos. Everaldo fue manejando durante una semana en su Chevrolet desde Santa Clara hasta La Iglesia de la Caridad del Cobre, la Patrona de Cuba en Santiago de Cuba. Cuando regresamos él vino a vivir con nosotras a la finca "La Ofelia" donde crecí, por cuanto mi mamá era viuda y no debía quedarse sola.

Viviendo en la finca nace Estela, mi hija mayor en 1950 y Ángela en 1952, hasta trasladarnos a la ciudad. Everaldo en 1947 había comprado a plazos un solar en la calle 2ª entre C y Río, reparto Santa Catalina, y fabricó una nave para guardar el camión y los tanques que le eran necesarios para almacenar el combustible, lo hace en sociedad con su padrastro Eufemio Morales, el cual tenía otro camión para la venta de combustibles. El inicio del negocio fue muy difícil, porque había muchos vendedores, pero Everaldo era muy trabajador y fuerte, no se dejaba vencer y fueron adelante abriendo más líneas de venta; él vendía en los pueblos de campo y Eufemio lo hacía en Santa Clara.

En 1948 compra un camión International a pagar por letras y le construye una paila para la venta del combustible y el camión viejo queda para el despacho en la ciudad.

En el año 1949, fabrica 4 casitas para alquiler en la parte de atrás del solar de la calle 2ª, como era grande tenía espacio para ello. En ese propio año, el rico comerciante Eliseo Prieto que se dedicaba y controlaba la venta de luz brillante y alcohol, agrupó a todos los vendedores de combustibles, Everaldo y Eufemio entraron a la cooperativa, ellos tenían acciones en el negocio decidiendo incorporarse a la "Operadora Comercial". Everaldo seguía trabajando con sus dos camiones, visitaba los campos, ya tenía buenas líneas comerciales donde vendía el combustible en los pueblos de Placetas, Camajuaní, Encrucijada y Calabazar de Sagua.

El solar que había comprado era grande con espacio para fabricar casas. En 1951, yo saqué un préstamo por $ 5000 pesos, pagaba una mensualidad para liquidar la deuda y después él comenzó a fabricar 4 casas más que no eran muy grandes pero una familia pequeña podía vivirla.

En 1951 Everaldo compra un solar en la calle Obdulio Morales y Carretera a Camajuaní, Capiro. Mi mamá lo ayuda con un préstamo de dinero pues no le alcanzaba para comprarlo. En estas casitas con el frente para la calle 2ª, nosotros vivimos en una de ellas, al mudarnos a Santa Clara en 1952, las 4 anteriores eran detrás, con un pasillo para salir a la calle y construyó un pozo de agua.

Él buscaba los materiales para las casas, trabajaba en ellas y cuando terminaba las pintaba. Antes en esa época se vendía la Lotería Nacional, él no era jugador, pero personas que lo conocían y se dedicaban a vender los billetes que cada hoja tenía 10, entonces sucedió un milagro, apareció un vendedor con 9 billetes cuando ya estaban cantando los premios; él se los compró para ayudarlo y se ganó el 2º premio. Con esta cantidad se desahogaron los gastos.

En el año 1953 Everaldo se retira de la "Operadora Comercial", Eufemio continuó en la misma, entonces Everaldo le liquida la mitad del negocio de cuando trabajaban juntos. Él continúa con sus líneas de venta y el camión más viejo marca Chevrolet, trabajando en Santa Clara, pero Eliseo Prieto se lo recogió llevándolo a un campo a la intemperie para que se deteriorara. En aquel momento Everaldo alquila un camión de cama y monta tanques de 55 galones, lo cual duró algún tiempo y salía a vender diariamente hasta que le devolvieron su camión; una vez más no se daba por vencido.

Más tarde compra un pequeño camión de uso y le mandó a hacer una paila, él mismo lo arreglaba para salir a trabajar y abrir otras líneas. Más adelante compró otro camión marca International, pagando el precio por letras mensuales, de igual modo le manda a hacer una paila, puesto que lo necesitaba para buscar mercancía a la destilería. Pasó mucho trabajo para salir adelante porque el competidor era millonario y se valía de todo para destruirlo, pero él acudía a las leyes y siempre triunfaba antes las adversidades.

Llegó a tener 14 trabajadores bien organizados, a no pocos les regaló ropa, calzado y los enseñó a manejar. Compró otros camiones de uso y sus conocimientos de mecánica automotriz y diésel lo ayudaron en este empeño, porque cursaba estudios de Mecánica por correspondencia en la National School de Estados Unidos. Siempre le gustó la mecánica y personalmente hacía los arreglos demostrando los conocimientos que poseía. No solo se destacaba por sus habilidades intelectuales y por el don de empresario, sino por sus habilidades prácticas, era capaz de arreglarlo casi todo, rápidamente comprendía por donde empezar para componer las averías, lo que trasladaba a la carpintería, plomería, albañilería y electricidad, entre otras.

Así fue creciendo el negocio hasta 7 camiones con uno de baja por muchos problemas. Everaldo les pagaba a los choferes y ayudantes la gasolina del camión, además tenían una comisión por cada galón de combustible vendido, así como pagaba los almuerzos y al paso del tiempo iban mejorando las ventas.

El año de 1954 fue muy difícil, sucedieron muchos problemas por la competencia de Eliseo Prieto, pero al siguiente año vendimos el solar que habíamos comprado en la carretera a Camajuaní y nos desahogamos. Enseguida comienza a fabricar una nave para guardar 2 camiones, hasta ese momento utilizaba una nave alquilada, construye la misma y comienza a guardar sus camiones y los materiales de construcción para la siguiente casa familiar. Todo ello ocurrió en 1955 y en octubre de ese año nos mudamos a vivir en calle 1ª nº 299 entre H e I, reparto Santa Catalina, Santa Clara. La casa en ese momento no se pudo terminar, pero lo principal para poder habitarla estaba construido, con un pozo de agua que ha sido una bendición hasta el día de hoy. En este momento habían nacido además de Estela y Ángela como ya se mencionó, Jesús en 1953, Gudelia, en 1954 y Miguel en 1956. Ya teníamos una casa grande con un patio amplio, pues la familia seguía creciendo y el negocio junto a la casa, Everaldo lo atendía todo, no descuidaba ni un detalle con la ilusión de darle la mejor vida a sus hijos y a mí. La oficina se ubicó en la entrada de la casa con salida independiente y yo lo ayudaba en la contabilidad, organizaba los registros primarios de cada línea comercial, de la liquidación mensual de las ventas del carrero y el ayudante. Así fuimos mejorando sin necesidad de pagarle a otra persona y con la garantía en el manejo de las ganancias y la información a entregar regularmente al contador. El negocio prosperó y la familia seguía creciendo tal como lo deseábamos, siempre dijo que quería tener una familia grande.

En 1957 nace Felicia y Regina en el 1959. En este año se produce un cambio de gobierno que eliminó parte de la propiedad privada, los bienes pasaron a manos del estado y nosotros fuimos gravemente afectados, como a continuación se hace saber.

En 1960 llega el cambio de dinero, solo podíamos cambiar $ 5 000 para depositar en el banco y pagar la compra del combustible y otra pequeña cantidad para el diario de la familia, no más de $ 5 000.

Se produce la intervención de su negocio de comercialización de combustibles "El Relámpago" en octubre 28 de 1962, primera intervención que afectó seriamente a la familia. Le expropiaron la nave y todo lo que había dentro y fuera de ella: 7 camiones, 3 tanques grandes para el depósito de luz brillante, 2 tanques soterrados para almacenar alcohol. Además en el solar al lado de la nave habían tanques de 55 galones, metro-contador para medir el combustible y en fin todo, la nave, el solar, el patio detrás de la nave y todos los tanques para envasar combustible fueron recogidos y pasaron a firmar la denominada *"Acta de entrega Voluntaria"*, sin recibir a cambio un centavo a un matrimonio de 9 hijos menores de edad. Ya habían nacido Samuel en 1960 y David en 1961. Everaldo tuvo que elegir entre su familia o ir a la cárcel. Donde no hubo más opción que firmar o atenerse a las consecuencias teniendo una familia tan numerosa.

Muchos padres ante la situación que enfrentaba el país, decidieron enviar a sus hijos al exterior, en lo que hoy se conoce como la operación Peter Pan de 1960 a 1962, pero él nunca vio esto como una opción para su familia y mucho menos poner en riesgo a sus hijos, por tanto, continuamos adelante con esa capacidad de Everaldo de saberse levantar con valentía y dignidad.

En 1963 nace nuestro hijo Everardo y en 1965 Emilio. En este año ocurre un hecho que me impactó. Everaldo se pelaba en la barbería de Quintero, ubicada en calle J y Carretera a Camajuaní, donde muchos vecinos de Santa Catalina y el Capiro iban a pelarse, en aquel entonces la situación política y económica del país siempre era un tema de conversación y para sorpresa de todos muchos de los allí presentes, dos días después, fueron detenidos y llevados al G-2 de Santa Clara como personas que políticamente eran considerados "desafectos", donde Everaldo permaneció 72 horas. Fue entrevistado varias veces, con toda firmeza dijo como pensaba, dispuesto a lo que fuera, con conocimiento de causa y valentía expresó que: "El comunismo es incompatible con la condición humana", no hay hombre con quién hacerlo, no existe… y no pudo ser acusado de nada, solo le dijeron que no podía hacer demostraciones públicas.

Como maestra normalista noté que Everaldo sin tener conocimientos de Pedagogía era un pedagogo nato, daba una clase cuando explicaba un tema, con fluidez y con un alto nivel de demostración y argumentos desde su cruda realidad y de muchas horas de lectura e información radial que poseía en este caso de lo que podía ser el futuro del país, según el curso de los acontecimientos nacionales e internacionales. Acostumbrado a hacer profundos análisis y compartirlos, siempre muy conversador con una charla amena, inteligente y graciosa a la vez, pues poseía un fino y oportuno sentido del humor, podía estar hablando horas de lo que conocía.

Reconozco que siempre tuvo grandes amigos dada su cualidad de no distinguir personas, no desigualar por el color de la piel o nivel social y mucho menos por presentar una discapacidad, cuando de ayudar al prójimo se trataba, yo diría que el segundo nombre que no le gustaba mucho fue muy bien colocado por sus padres, *Caridad,* obras de caridad con sus semejantes hizo muchas; nuestra vecina Olga Palacios a la que se le hacía llegar los alimentos para alimentarse ella y su hijita con cierta discapacidad; a Montero con sus problemas psiquiátricos; a Elvira la viejita sorda como le decían nuestros hijos para identificarla y tantos más, por lo que no faltó que se me acercara la mano amiga cuando fue detenido y llevado al G-2, tal es el caso de Ibrahím García vendedor de carbón, muy amigo de Everaldo, que vino a prestarme su apoyo y ayudarme en lo que fuera necesario, siempre estaremos muy agradecidos. En aquel momento no era fácil ayudar a una persona en tan comprometedora situación, un verdadero amigo. Everaldo tenía la capacidad de ver mucho más allá de lo que sucedía, el futuro de este país lo comentaba y analizaba conmigo, con sus hijos, nietos, nueras, yernos y amigos, doy fe después de sobrevivirlo por más de 10 años que fue exacto en sus cálculos, la realidad así lo confirma.

La vista larga de Everaldo y sus deseos permanentes de estudiar y estar lo mejor preparado posible para la vida, hizo que obtuviera el título de Mecánico Automotriz y Diesel, recibido de la National School en 1958, ya referido, inmediatamente comenzó a estudiar idioma Inglés por correspondencia con la misma escuela y más adelante matriculó la carrera de Ingeniería Mecánica que cursó hasta el segundo año dada la situación de vida que tuvo que enfrentar producto del cambio de gobierno y no menos importantes las de índole personal. Después de la intervención del negocio de combustible se dedicó a trabajar la mecánica frente a la casa. Preparó un solar que tenía a una cuadra y trabajó como mecánico pagando su patente. Pronto tuvo muchos clientes que conocían su calidad como mecánico. En esas funciones estuvo hasta el 13 de marzo de 1968, cuando fue intervenido nuevamente durante la denominada *"Ofensiva Revolucionaria"* o *"Lucha contra los timbiricheros"*, igual que en la anterior, le recogieron todo lo que les interesaba. Se repitió la arbitrariedad y se eliminó la pequeña propiedad privada. Una vez más demostró el hombre íntegro que era, pudiendo abandonar el país solo sin su familia, eligió el cuidado mío y de nuestros hijos y se consagró a trabajar y sacar adelante a sus 13 hijos, que estudiaran, aprendieran a trabajar, ser responsables y hombres de bien. Una gran alegría en ese momento fue la llegada de nuestra hija menor Magalys, como dijo su padre "la contra" y que tendría doce hijos y llegó a trece.

En aquel entonces pasa a trabajar a los talleres estatales de técnica capitalista, con un sueldo de $186 donde trabajó un año. Con el salario que devengaba le era imposible sostener su hogar y decide comenzar a trabajar en las noches como custodio de storages y por el día iba al campo a trabajar en el terreno de media caballería de mi propiedad. Rápidamente compró una yunta de toritos para preparar la tierra para el cultivo de maíz, frijoles, viandas, cosechar frutas y criar algunos animales para el consumo familiar. Fue una época muy dura, trabajaba de noche y por la mañana partía para el campo casi siempre con los hijos varones menores. Hacíamos cascos de naranja agria, se envasaban y vendían a dos pesos el frasco, mermelada de guayaba, croquetas con mucha aceptación, elaboradas con picadillo, pescado, siempre con carne y sazón a 15 centavos la croqueta, además de cremitas de leche. Yo me ocupaba de la cocina, de tener limpios los envases y él salía a venderlas. Disfrutaba la compra y venta, aunque no ganara mucho, tenía gracia para hacerlo, era natural en él.

En la década del 60 la familia tuvo muchas pérdidas materiales y espirituales, la expropiación en 1962 de un negocio próspero de comercialización de combustible *El Relámpago* y en el 1968 del taller de mecánica.

El fallecimiento en 1962 de mi única hermana Idalia, madrina de dos de nuestras hijas Estela y Gudelia, pero se puede afirmar que fue madrina de todos los que vio nacer antes de morir con 37 años de edad. El padrastro de Everaldo, Eufemio Morales y su mamá Ángela, mi suegra, fallecieron en 1964. Ella siempre me acompañó en el hospital en todos los partos hasta su deceso y hacía la búsqueda en el calendario santoral de los posibles nombres. En 1969 falleció la abuela Perserveranda, mi madre, muy querida por Everaldo. Enfrentamos juntos estas pérdidas y logramos ayudar a Reina hija de Eufemio y Ángela que con 18 años iniciando los estudios universitarios perdió a sus padres y Everaldo hizo dejación de la parte de la herencia que le correspondía a favor de su hermana.

En esos momentos, asistíamos y llevábamos a los niños a los cultos de la Iglesia Evangélica del Nazareno en la carretera a Camajuaní, leía la Biblia y la interpretaba, le gustaba leerla no solo para adquirir cultura sino para encontrar alivio. Hicimos grandes amigos que con su fe nos ayudaron y visitábamos siempre, el muy recordado Emeregildo Paz, pastor de la iglesia y posteriormente los pastores Alberto Díaz, Vicente González y Esther Rodríguez. No obstante, cada obstáculo que se presentaba lo vencía con tenacidad y fuerza, recuerdo que dadas las carencias en un momento de nuestras vidas con los niños pequeños y el combustible para cocinar construyó un fogón gasificador para aliviarme en los quehaceres de la cocina.

Las alegrías de este período en nuestras vidas fue ver crecer a nuestros hijos mayores saludables y responsables con el estudio, con sus padres y ver nacer a los más pequeños para cerrar con Magalys. La crianza y educación de nuestros hijos nos ayudó a aligerar estas angustias, teníamos que continuar alimentándolos y educándolos.

Ya desde los años 50, Everaldo siempre preocupado por la mejor educación de sus hijos, compró varios instrumentos musicales: un clarinete, tres acordeones, de ellos 2 de teclas y el otro de botones, un violín, una guitarra, libros de música y el piano que fue un regalo de la abuela paterna Ángela.

Everaldo amante de la lectura, la música, las artes en general y dotado de una gran sensibilidad desarrolló esa motivación en sus hijos para que tuvieran una cultura artística y se mantuvieran ocupados en algo que los desarrollara sanamente y que ha llegado hasta nuestros días, por cuanto tenemos varios nietos y bisnietos que han recibido esa preparación musical, en artes plásticas y cine, ya sea como parte de su formación o como profesión.

En 1959, los 4 mayores Estelita Ángela, Jesús y Gudelia estudiaban piano, estudios pagados a la academia privada de música García Puncet, posteriormente Gudelia estudió en el Conservatorio de Música Olga Alonso y se graduó de nivel elemental de piano, Jesús, siguió para el violín con el maestro Humberto Carranza de manera gratuita, al igual que en su momento lo hizo Everardo y Samuel y a otros le impartió clases de solfeo y teoría. Este maestro se convirtió en un gran amigo de Everaldo, hombre de mucha cultura y educación que fue atendido con devoción por nosotros durante su enfermedad hasta su deceso y el agradecimiento eterno por todo lo aportado a nuestros hijos, Everaldo siempre le mostró su gratitud por toda su contribución y tiempo que le dedicó a la familia.

Miguel y Samuel estudiaron clarinete con el maestro Roberto Angulo, que pasó a ser otro gran amigo de la familia. Regina en el 7º grado se becó en Santa Clara para iniciar estudios de Artes Plásticas, otros estudiaron idioma o mecanografía según sus gustos y motivaciones como Felicia que estudió idioma inglés estando en la secundaria básica, Magalys y David mecanografía.

A los finales de los años 70, durante los 80 y 90 un gran motivo de alegría fue la graduación de algunos de los hijos de diferentes carreras universitarias y técnicas que le han permitido desempeñarse plenamente en su vida: Estelita de Medicina Veterinaria, Gudelia de Licenciatura en Logopedia, Felicia de Arquitectura, Regina de Licenciatura en Artes Plásticas, Samuel de Ingeniería Pecuaria y posteriormente Magalys de Licenciatura en Economía. Por su parte Jesús, Samuel y Everardo perfeccionaron la ejecución de los instrumentos en escuelas especializadas a estos efectos, egresando satisfactoriamente de ellas, Ángela egresó de la escuela de Comercio con el título de Contabilidad y Finanzas. Miguel y Emilio son Técnicos de Electrónica especialistas en Radio y Televisión, este último se inició con su hermano Miguel, David Técnico en Veterinaria y Ulises Técnico en Electricidad. A todos se les dio la posibilidad de desarrollarse, nunca limitó a sus hijos en los deseos de hacer y hacerlo bien, respetó sus aspiraciones y sueños.

Asistía a las graduaciones y a los concursos de sus hijos y nietos, Recibió con alegría la maestría de Felicia y Gudelia y el Doctorado en Ciencias Pedagógicas de esta última. Leía y releía los artículos de revistas, periódicos y libros escritos por sus hijos o donde eran mencionados, el catálogo de su hijo Ulises de la compañía creada por él Universal Body Truck. Escuchaba las presentaciones en las emisoras de radio o en algún programa de televisión nacional donde pudieran aparecer. Tal es el caso de Estelita, Jesús, Gudelia Felicia, Regina, Samuel, Everardo, así como de algunos nietos. Todas las alegrías y preocupaciones las compartía conmigo, fue incondicional con mi persona, nunca nos abandonó y con motivo suficiente para dejar el país en que creció debido la hostilidad que le tocó vivir, pero por encima de todo el amor a la familia y su paternidad indescriptible, enfocado en la crianza de sus hijos independientemente de la influencia de la escuela y la sociedad. Everaldo alcanzó ver el desarrollo artístico de algunos nietos: en la música, las artes plásticas y el cine.

Everaldo, como ya se mencionó, estuvo siempre atento a que nuestros hijos ocuparan provechosamente su tiempo y se desarrollaran sanamente, además de jugar, tener responsabilidades propias de la edad, cumplir con la escuela, hacer algunos mandados, respetar a las personas mayores, sentarse juntos a la mesa para comer, les hizo conciencia de la importancia de alimentarse correctamente y siempre decía: "*lo que no gastes en comida lo gastarás en medicinas*", los inyectaba cuando yo no lo podía hacer y lo hacía muy bien. No permitía decir palabras obscenas, ni decir sobrenombres, apodos y mucho menos burlarse de las personas. Leer novelas o libros que no le aportaran alguna enseñanza, estaba prohibido leer las novelitas rosa, muchos leyeron la biblia, los cuentos infantiles clásicos, La Edad de Oro, entre otros y frecuentemente ubicaba en las puertas de cristal del aparador pequeños mensajes, consejos que involuntariamente eran releídos por todos los hijos y posteriormente por los nietos dada su estratégica ubicación en el comedor de la casa.

Hoy en la sala de la casa, en la pared que está a continuación de la puerta de la calle se puede leer el escrito "El cubano", que se lo dedicó a sus hijos. Siempre exigió el cuidado de la casa, de los muebles, las paredes, el agua, la electricidad. De alguna manera, le hacía saber a sus hijos y nietos el valor de las cosas y el esfuerzo para alcanzar lo que se tenía y como entre todos se podía lograr. Sus hijos varones lo acompañaban en muchas labores, de mecánica, en el campo, en la casa, en la cría de puercos, gallinas, conejos y su preparación para comérselos, a manipular colmenas y extraer la miel, entre otras y es por ello que prácticamente saben hacer de todo y aprendieron mucho haciendo y observando a su padre.

Nunca dejó pasar por alto el portarse mal de sus hijos, combinando formas de castigo. Muchas veces los sentaba en un butacón en su cuarto, la penitencia, al decir de mi hija Gudelia era un castigo colectivo: él que fue y él que no fue, pues paraba uno al lado de otro, en ocasiones 5 o 7 hermanos de ambos sexos y preguntaba quién fue… y sin respuestas, no se podía delatar y mucho menos a un hermano, entonces al butacón tal vez por un par de horas o menos, una vez cumplido el castigo preguntaba en esta ocasión ¿saben por qué fueron castigados? y ahí sí había que responder para que levantaran el castigo. Otra forma fue el golpetazo, la mirada o la palabra, esta última siempre acompañó a las restantes.

Los cumpleaños de nuestros hijos siempre se celebraron, la fiesta la formaban los hermanos, suficientes para pasarla bien y una foto en blanco y negro parados detrás del cake gracias a la camarita de rollo de 8 fotos marca Kodak que nos dejó muchos recuerdos gratos de esas fiestas y fueron la simiente de las actuales reuniones y celebraciones familiares llenas de sorpresas, mucha risa, entrega de reconocimientos y diplomas a los más esforzados de la familia, sketch, dramatizaciones de programas favoritos de la televisión cubana, Dale Taller y otros como la Oreja de Van Gogh de la televisora española, siempre con la participación de miembros de la familia, para ello se escribía un guión colectivo casi siempre con la dirección artística de mi hija Magalys, con la ayuda de hijos y nietos en su elaboración y mi consulta para el visto bueno. En estas celebraciones, los nietos han sido los actores, donde las risas y aplausos se escuchan en toda la casa. Un momento especial lo ocupa la interpretación de canciones y piezas clásicas con el violín, clarinete, flauta, el cello, guitarra, güiro, maracas… donde se han unido los hijos y los nietos gracias a que en la familia hay muchos que tocan algún instrumento. Se canta, se baila y se escucha alguna poesía. El público nuevamente son los hijos, nietos nueras, yernos, consuegros y amigos.

En ocasiones hemos llegado a servir la mesa de 12 sillas hasta 4 o más veces en el comedor gigante de la casa. Hasta en las épocas más duras se pudieron celebrar la Nochebuena con la familia, así como el Día de las Madres y de los Padres estas últimas fechas se acompañaban con una visita al cementerio a los abuelos ya fallecidos, además de colocar flores en la casa. Nunca fue necesario amenizar las fiestas con otra música que no fuera la que tocaran nuestros hijos y nietos.

Todos nuestros hijos fueron bautizados por la iglesia católica, en particular el bautizo de los 8 menores, desde Felicia, pasando por Regina, Samuel, David, Everardito, Emilio, Ulises y hasta Magalys tuvieron el mismo padrino, Daniel García y su esposa Celia Moya, de algunos de estos. Daniel, fue un campesino trabajador, amigo muy respetuoso en la finca de mi madre, que trabajó por doce años, donde Everaldo lo conoció, entrañable amistad que duró por más de 60 años. Daniel ayudó mucho a mi madre en la finca, trabajó duro y pasó a ser miembro de la familia. El día del bautizo fue una gran fiesta en el campo, en la casa del padrino, los muchachos se tiraban con una yagua por la lomita cercana, corrían sin peligro y cogían frutas de los árboles.

Los domingos, la mayoría de nuestros hijos, temprano en la mañana iban a la escuela dominical de la Iglesia Evangélica del Nazareno en la carretera a Camajuaní, adonde nosotros asistíamos. Sobre las 12 del día, Everaldo los llevaba al Zoológico para que yo terminara el almuerzo que siempre fue diferente al resto de la semana. En ocasiones, por la noche visitábamos a la abuela paterna, la abuela Reina como le decían los muchachos por ser el nombre de la tía. Íbamos al Picking Chicken a comer ancas de rana, entre otros platos favoritos y los niños decían: que chiquito es este pollo, al que Everaldo les respondía que es un pollito americano. Con frecuencia con los hijos menores pasábamos por Coppelia y de yo no poder, él los llevaba a tomar helados. Paseaban alrededor del parque Leoncio Vidal y en algún momento montaron en el carretón del chivo, muy famoso en este parque.

Después que nuestros hijos crecieron mantuvimos la costumbre de ir él y yo a caminar hasta el parque, a comer en el Qué Bien, en el Central, a la heladería Coppelia, visitar algún amigo y sobre todo, sentarnos en el parque a descansar, conversar y escuchar los danzones cuando estaba funcionando la retreta donde tocaba Samuel el clarinete y otros músicos amigos de la familia entre ellos el maestro de Samuel, estos momentos eran ideales para saludarlos y reírnos un poco.

En las vacaciones mi mamá siempre llevaba tres o cuatro nietos al campo, a la casa del tío Gonzalo en la finca ¨El Mamey¨ y a Caibarién donde vivía mi hermana Idalia con su esposo, el tío Ramón; solo en estos dos lugares se les permitía pasar varios días.

Al campo Everaldo iba todas las mañanas, desde Santa Clara a Los Güiros para saber cómo habían amanecido sus hijos. En Caibarién iban a la playa con el tío Ramón y visitaban la casa del tío Jesús. Nosotros planificábamos viajes a la playa para pasar el día, casi siempre a la playa "El Inglés" próxima a Cienfuegos, viajábamos en el Chevrolet. Para estos menesteres Everaldo decidió construir un vestidor portátil con tubos y telas que yo cosí para cambiarse de ropa además de una nevera con su mesa igualmente con tubos y planchas de acero que le llamamos "*Tarantingo*" y de esta manera conservábamos los alimentos frescos, el agua y los refrescos. En ocasiones en Cienfuegos almorzábamos en el restaurant "La Covadonga" y visitábamos al compadre Marcial Blanco y a nuestro ahijado Amancio mientras los muchachos se bañaban en la playa, pues ellos vivían frente al mar.

Nuestros hijos jugaban en la calle con los amiguitos de la cuadra, compartían la bicicleta y los juguetes, siempre teniendo claro por donde debían estar y bajo la supervisión mía, se reunían en el portal de la casa jugaban niñas y niños al escondido, a buscar el grillo y los cocuyos escondidos en el jardín de la casa, corrían, brincaban, bailaban con la suiza, el hula hula, a los tiros, con los yaquis, parchís, damas, lotería. Los hijos mayores hacían unos espectáculos donde Jesús tocaba el violín. Gudelia animaba con el cabo de la suiza de micrófono y Ángela bailaba con las canciones de Pedrito Rico, "La perrita pequinesa", entre otras. En las vacaciones, asistían dos horas tres veces por semana a la escuelita de la maestra Belén, una casa cercana a la nuestra. Ella repasaba caligrafía, matemática, lectura y español, además jugaban en el receso con otros niños que asistían con igual propósito.

Los más pequeños se disfrazaban con trajes inventados por ellos, era muy divertido, pues creaban los suyos propios y animaban las noches de juego, en ocasiones con el tocadiscos del papá, donde estudió inglés por correspondencia y se conservaba muy bien, puesto que les enseñó a pasarle un paño a los discos que en aquel momento eran de vinilo antes de colocar la aguja con mucho cuidado, unas veces en el comedor, otras en la sala de la casa bailaban rock and roll con la música de Elvis Presley. Magalys y David formaban pareja y bailaban muy bien, después le tocaba a Samuel, eran cinco varones y ella la hermana menor por lo que tenían que rotarla. En la calle jugaban al Burrito 21, a Cuba y España, al taco, los palitos chinos, al 1, 2, 3, Cruz Roja es, se empinaban chiringas y papalotes, muchos construidos por ellos, resbalaban en el portal, jugaban a los bolos, al trompo, a las bolas y a la pelota, entre otros. Everaldo sacaba los guantes de boxeo y entre los amiguitos de la cuadra practicaban. Se prestaban la bicicleta y entre todos aprendían a montarla. Asistieron a algún carnaval con Esteban y Felicia fueron al campismo, a la playa y a La Habana con Gudelia e Iván. En la medida que iban creciendo se les daba permiso para ir al cine, a las funciones del Teatro La Caridad, a pasear por las áreas de la Universidad Central de Las Villas, Marta Abreu y no pocas veces se bañaban en la piscina de dicha institución. Después los nietos pasaban muchos días de sus vacaciones en nuestra casa sobre todo, Jesusito, Mónica y Olivia que vivían en La Habana.

Como ya se mencionó en la década de los años 70 comienzan a graduarse de los estudios universitarios los hijos mayores, Estelita, Gudelia, Felicia, mientras que Samuel y Regina continuaban. Los restantes hijos cursando los estudios correspondientes a un nivel medio superior como Jesús en la música para ser un mejor instrumentista porque ya desde los 14 años tocaba en las Orquesta Sinfónica de Villa Clara en Santa Clara y Miguel estudiando Electrónica: televisión y radio. Los más pequeños cursando la educación primaria y secundaria. Nacen los primeros nietos, Edgar, Norlan Esteban, Jesús y Vivian, motivos de muchas alegrías.

Entre los años 1970 al 75 comienza a escasear la miel de abeja. Yo conservaba los libros por los que mi papá Félix se convirtió en un experto apicultor, rápidamente Everaldo comenzó a estudiar por los mismos, se informó con personas de experiencia en el tema y una vez más demostró no dejarse vencer. Yo le cosí los velos para la castración de las abejas, él arregló el ahumador que era de mi tío Gonzalo y con sus conocimientos de carpintería confeccionó 20 cajas y los marcos, ubicó las primeras cajas en el patio de la casa y posteriormente en el campo, en la finca que fue de mi madre. La miel recogida era básicamente para el consumo de la familia y alguna venta.

En la década de los 80, continúa creciendo la familia, nacen los nietos: Mónica, Miguel Ángel, Nolan Ariel, Midsaly, Marcel, Olivia, Samuel, Darío y Everardo Daniel.

En 1981 viajó nuestra hija Ángela a Ecuador acompañada de su hijo Robin, que tenía 6 meses de nacido y su esposo, en el 1994 Ulises para Estados Unidos, posteriormente su esposa Milexis y la nieta Miladys, en 1997 nuestro nieto Jesusito con su mamá, Everardito en el 2002 con su esposa Consuelo y su hijo Eve Daniel, en 2003 mi nieto Norlan, en el 2004 los nietos Mónica y Ariel, en el 2009 Miguel Ángel y Olivia, para Argentina y Brasil respectivamente. Everaldo, aunque entendió y aprobó los motivos por los cuales decidieron salir del país nunca dejó de sentir sus ausencias, pero como siempre su fortaleza y entendimiento le permitieron una mayor adaptación que sobrellevó hasta el final de sus días.

Vivía orgulloso de sus hijos, destacaba que los varones siempre lo ayudaron en la mecánica, en el campo, que sabían hacer de todo y serían hombres trabajadores, habían aprendido a respetar a las personas, a cuidar la naturaleza, sobre todo cuando los más pequeños, dada la situación tan difícil que había en Cuba acompañaron a su papá en las labores del campo, Samuel muy cerca de su padrino Daniel García que como le decía Everaldo, mi compadre y vivía cerca de la finca que heredé de mi madre donde cultivaban la tierra de conjunto con el resto de los varones. Crecieron sabiendo que había que cumplir con la escuela y el que no quisiera estudiar entiéndase estudios universitarios se prepararía en un oficio y a trabajar, ese fue el caso de Miguel, David, Emilio y Ulises.

Everaldo en su afán de ayudar a sus hijos ya adultos, les regaló a algunos de ellos los solares de su propiedad cercanos a nuestra casa para que construyeran sus viviendas, Estelita, Miguel, Felicia y Samuel y la azotea donde construyó Ulises el menor de los varones. A David lo ayudó con los pagos de su casa para que llegara a ser de su propiedad. Otros vivieron con nosotros de manera temporal hasta que resolvieran las situaciones presentadas. Siempre pensando en el bienestar de sus hijos y el mío. Tal es el caso de Estelita, nuestra hija mayor, que vivió 16 años en nuestra casa con sus dos hijos Edgar y Vivian donde con

mucho dolor enfrentamos el fallecimiento de nuestra nieta mayor Vivian
en 1994 a los 16 años de edad, lo que fue un duro golpe para la familia
y en particular para nosotros los abuelos que la ayudamos en su larga
enfermedad desde sus comienzos a los 3 años, aún hoy se conserva en
el librero de Everaldo la foto que colocó de nuestra primera nieta en su
primer año de vida.

De igual modo, nuestro hijo Miguel con su esposa, vivieron
alrededor de un año con nosotros y más tarde lograron construir su
casa en uno de los terrenos que le regaló su papá, Ángela con su esposo
e hijo, Emilio con su esposa e hija, así como la cuarentena de los partos
de Angelita, Consuelito y Tania. Everaldo se llevaba muy bien con sus
nueras, las trataba como si fueran sus hijas, con mucha consideración y
ayudaba en lo que estuviera a su alcance.

En 1988 se jubila, dejó el campo a los hijos que ya eran hombres
y les gustaba cultivar la tierra, entre otras labores hasta aprendieron
a hacer carbón, muy trabajadores, siguiendo el ejemplo de su padre.
A partir de ese momento, Everaldo se dedicó a comprar leche en el
campo para la casa y para la venta, también compraba miel de abejas
y la vendía embotellada a 10 pesos la botella, vendió pan y frutas que
se traían del campo, así empleaba su tiempo saliendo a vender, de
paso conversaba con las personas conocidas siempre transmitiendo sus
conocimientos y experiencias con demostraciones, acompañadas de su
peculiar sentido del humor, así visitaba y ayudaba algunos amigos y
familiares. Se encargaba además de los mandados diarios de la bodega.

Continúa con las lecturas por las tardes, coleccionó las revistas
Selecciones de Reader's Digest y posteriormente Sputnik, de *Filosofía
y Religión*: profundizó en la Biblia, Sócrates, Aristóteles, Tratado
Teológico-Político de Benito Spinoza, las Ruinas de Palmira, El hombre
mediocre de José Ingenieros, Los testigos de Jehová, Los Hugonotes,
que fue un regalo del pastor de la Iglesia de Nazareno, Historia de
la Religión de Serguei Tokarev, Martí ante el proceso de Jesús, La
verdad sobre la secta testigos de Jehová, Del paraíso perdido al paraíso
recobrado... *de Historia*: Historia de la Edad Antigua, Historia de la
Edad Media de E. A. Kosminisky... *de Marxismo Leninismo y Economía
Política*: Fundamentos del Marxismo Leninismo, El Capital de Karl

Marx, y acerca de la vida de Carlos Marx, Engels y Lenin. *De Política y de leyes*: El espíritu de las leyes de Montesquieu, también sobre las vidas de Stalin y Winston Churchill; acerca de la vida próceres como Bolívar y José Martí. Sobre el fascismo realizó lecturas acerca de Hitler, Mussolini y Franco, entre muchas otras.

Leyó la constitución de la República de Cuba, sobre las aves, las abejas, los cultivos y la ganadería… sobre psicología y gramática española, por citar algunos. Siempre muy bien informado por diferentes vías, La BBC de Londres, La Voz de América (VOA) y escuchaba atentamente los discursos del Presidente de Cuba, para analizarlos y saber hacia donde se dirigía el país.

Les pongo a su consideración una recopilación de frases que Everaldo escribió para sus hijos y que es válida para su toda su descendencia, recogidas en un manuscrito dedicado a estos, fruto de su experiencia de vida, así como la interpretación de sus lecturas y su estudio.

- Se puede atropellar a un hombre, despojarlo de sus bienes materiales, pero no de su dignidad y amor propio.
- El provocador te lleva a la cárcel o al cementerio y es mejor evitarlo.
- Si la justicia consiste en el parecer de unos pocos, es tiranía. Aristóteles (324-322 AC).
- El fascismo combate las democracias para establecer una dictadura.
- La Patria es un conjunto de personas que están asociadas entre sí de corazón y voluntad en una nación, con ideales e intereses comunes en una extensión de terreno que ocupan y desarrollan.
- La mayoría de los tiranos han surgido de demagogos que han logrado la confianza de su pueblo con sus acusaciones a las clases superiores.
- Hay regímenes que existen por la fuerza, no por la conveniencia del pueblo.
- Las tiranías ejercen el poder basadas en sus intereses, no los del pueblo y sientan a su mesa extranjeros.

- La peor de las democracias es mejor que la mejor de las dictaduras.
- Feliz el hombre que encuentra el conocimiento y la sabiduría de sí mismo.
- Lo que más urge es reaprender la forma de conducirnos siguiendo las leyes de la vida.
- La amplitud del saber permite al hombre formarse ideas propias.
- Si no buscamos paz y amor todos moriremos.
- Los beneficios recibidos son siempre obra de hombres buenos.
- Lo que atenta contra la libertad no produce resultados dichosos.
- Everaldo no ha dado vivas a los rusos, no ha cantado La Internacional, ni el himno americano.
- El capitalismo es la sociedad de consumo y el comunismo la de no consumir nada.
- El comunismo es aparentar dar cuando en realidad quita, los abusos convertidos en ley.
- Las personas te abandonan por interés o por miedo.
- El que siempre actúa como todo el mundo cae en lo indigno.
- Lo mejor de todo es ser tonto, avaro y tener buena salud, ¡ah! Pero si te falta lo primero te partió un rayo
- El comercio hace amables a las personas.
- Hay seres humanos que nacen con la cualidad de desarrollar y construir.
- Cuando aumentan los bienes, aumentan los que lo consumen.
- El que se propone actuar según una regla de bondad entre los hombres, se verá al fin aplastado por mucha gente que no tiene nada de buena.
- La bondad y la caridad deben ser dosificadas, no sea que se convierta en un daño a tu persona y tus intereses.
- Gusano es el que se arrastra.
- El asunto no es lo que comas y bebes, sino con quién comes y con quién bebes.
- Qué cosa tan terrible es el mareo.
- Quién pretenda ser alguien dependiendo de la grandeza de otros, a la larga se pierde y fabrica su propia ruina.

- El fanático no acepta el choque de las opiniones contrarias, es grosero.
- Nadie es dichoso hasta el fin.
- Cada hombre vale lo que vale su cabeza.
- Lo malo se destruye solo.
- A cualquiera le sale un pollo pelón.
- La gallina que no cuida al gallo no saca pollos.
- La calumnia es como una pluma lanzada al viento, no se puede recoger después.
- Nunca seas como el Gorilo, (una especie de pájaro), que solo pone un huevo y lo tira al aire.
- Cuando vayas a subir, sube por tu brazo.
- El empresario nace, no se estudia en la universidad.
- Ninguna iglesia salva, salva Cristo.
- Si me engañas una vez, la culpa es tuya, si me engañas dos veces, es mía la culpa.
- Quién más coma de tu mano puede que sea el primero en mordértela.
- A la casa del pobre nadie va.
- Los dejo con un nombre, son los hijos de Everaldo.
- Es mejor que te maten solo en un callejón que con un comemi…. al lado.
- El canuto de caña es muy dulce, pero malo de tragar.
- Cada hombre construye en su juventud la desgracia o la dicha de su vejez.

Respecto a sus preferencias, le gustaban los tangos y la música española, entre sus favoritas estaba La Malagueña de Elpidio Ramírez y Pedro Galindo que la entonaba con afinación. Escuchaba siempre que podía música clásica, a Beethoven, Chaikovski, aunque su predilecta fue Rapsody in Blue de George Gershwin. Se deleitaba en las fiestas familiares cuando tocaban el violín, uno de sus instrumentos favoritos y sin falta su avidez por la lectura. Escribió su autobiografía para complacerme y cuanto leía resumía en apuntes que guardo con mucho celo, pues son cuartillas llenas de sabiduría.

Con la música, la televisión y el cine pudo disfrutar y enriquecer sus sentidos. Le tocó la época del cine argentino, mexicano y de las películas del oeste. Más tarde pudo comparar todos sus conocimientos de Historia Antigua, del Imperio Romano, de la Revolución Francesa, de las Guerras Mundiales, de la vida y obra de personalidades de la historia en largometrajes y serie televisivas. Los programas humorísticos siempre fueron de su agrado San Nicolás del Peladero, Detrás de la Fachada y más recientemente Vivir del Cuento, otros programas de su interés eran De la Gran Escena y uno muy instructivo Escriba y Lea. Muchas veces lográbamos sentarnos juntos en la sala de la casa con tal propósito y en ocasiones hacía algún comentario muy breve.

En la década de 90, nacen los nietos: Miladys, Walter David, Anelys, Deboraht, Melissa y Alicia y ya en la década del 2000 los últimos nietos que Everaldo alcanzó a conocer: Daniela, Ulises, Elizabeth y Madelaine, esta última por fotografías. Cada nieto fue motivo de gran alegría y tuvo la dicha de poder compartir mucho tiempo con ellos desde risas, cuidados, hasta profundas enseñanzas que han marcados sus vidas. Cerró su ciclo de vida con 13 hijos, 24 nietos y 8 bisnietos. Cumplió con su anhelo de tener una familia numerosa.

En el año 1999, se opera de la próstata después de padecer un tiempo y finalmente todo resultó muy bien gracias a la Dra. Lázara Fleites que se convirtió en una gran amiga de la familia y muy especialmente de Everaldo, ella lo convenció para que se operara y duró 12 años más, continuó haciendo los mandados de la casa en su bicicleta y solo tenía tratamiento para la hipertensión arterial.

En el 2012, se celebró una gran fiesta de cumpleaños con la presencia de muchos de nuestros hijos y nietos que viajaron por los 85 años de Everaldo, su último cumpleaños, como de costumbre hubo un trío de violín entre hijos y nieta: Jesús, Everardito y Deborath respectivamente, muchas risas, cumplidos por el padre que fue, fotos, dulces, brindis, en fin, una noche muy feliz.

El 18 de agosto de 2012 Everaldo amaneció sintiéndose mal y rápidamente mi hijo Emilio buscó un carro, se quedó en la casa para acompañarme, mientras mi yerno Miguelito lo llevó al Hospital Provincial de Santa Clara Celestino Hernández Robau donde fue atendido muy bien y rápido por dos cardiólogos, gracias a la ágil gestión del médico clínico con especialidad en Geriatría que lo trataba el Dr. Remigio, compañero de estudio y amigo de mi hija Felicia. A las 3.00 p. m, falleció en dicho hospital con el diagnóstico de ataque al corazón. Se le aplicó la autopsia por cuanto los hijos, nietos que estaban en el exterior querían estar presentes para el último adiós. Fue velado en la funeraria Las Villas en Santa Clara donde acudieron muchos de sus amigos, así como de la familia, los médicos que lo atendían y un mar de flores.

Su entierro se efectúo el 19 de agosto a las 5.00 de la tarde. El duelo fue despedido por su hijo Samuel, que sin quebrantársele la voz, erguido y firme como una roca tal como fue su padre, palabras con la que termino esta cercana historia de vida. Aunque doloroso, siento que se cumplió su deseo, cada día me pedía morir de un infarto y primero que yo. Tal como siempre me dijo: "Nadie es dichoso hasta el fin".

Las palabras de Samuel *"Tuve la necesidad y el honor de despedir su duelo. Para hablar de él se necesitaba una persona que lo conociera bien, incapaz de hacer un cumplido como suele pasar en muchos funerales. Recuerdo decir entre tantas cosas: "Ese señor que sus restos reposan en ese ataúd me irradia seguridad y valor. En este momento tan difícil para uno me doy cuenta que vienen a mis pensamientos sus reflexiones y enseñanzas en este exacto lugar donde su espíritu asciende que me hace sentir un magnetismo de fortaleza. Resumí su vida comparándola con un cristal transparente, siguiendo siempre una línea recta, sin curvas, sin flaquear, con dignidad y amor propio. Me siento convencido que cumplí con mi padre como hijo ¡Eternamente estará en mí!"*. En su lápida previo acuerdo con sus hijos y el mío queda grabado una frase dicha por él que encierra su estoicidad: *"Se puede despojar un hombre de todos sus bienes materiales, pero no de su dignidad y amor propio.* En paz descanse.

2

Recuerdos memorables

Recuerdos memorables de los Hijos.

Ángela Fernández Pérez de Alejo. 2ª hija.

S oy la 2ª hija de Everaldo Caridad Fernández Pantaleón y Estela Pérez de Alejo Fernández. Pertenezco a una familia muy numerosa de 13 hijos. Según familiares y amigos de mi padre, soy la más parecida físicamente a él. Son muchos los recuerdos que vienen a mi mente, pues viví con ellos por más de 25 años, hasta que contraje matrimonio.

Siempre tuve problemas de salud y recuerdo la preocupación de mi padre a la hora de comer y dormir. En varias ocasiones me llevó a la consulta médica y me inyectaba cuando mi mamá no lo podía hacer, lo hacía muy bien.

De pequeña nos llevaba en su carro Chevrolet, a la escuela primaria y a la academia de música, donde yo recibía clases de piano. Confiaba en mí y siempre estuvo orgulloso de mis resultados académicos, tempranamente se percató que me gustaba estudiar, que lo disfrutaba y en particular, mi inclinación por las ciencias, las matemáticas. Conversábamos de variados temas y recibía muy buenos consejos que hasta hoy repaso diariamente; considero que cumplí como hija, le hice saber cuánto lo quería y mi eterna gratitud.

Entre los recuerdos más relevantes que atesoro, menciono un día que fuimos a la playa El Inglés todos los hermanos, mi madre y mi padre en su Chevrolet, cuando estaba bañándome en la playita caí en un banco de arena muy hondo y al verme que no sabía nadar papi me gritaba, -nada mi hija, que estoy muy lejos de ti-. Ahí salí nadando gracias al impulso de sus palabras, me dio a entender que yo sola podía resolverlo y salir de ese mal momento, algo que me ha ayudado tanto, porque he disfrutado nadar múltiples veces en mi vida y ser una persona valiente. Recuerdo la alegría de ese día.

No menos significativo fue el día en que recibí el título de culminación de estudios de Preuniversitario. Mi papá me acompañó a la gran fiesta de graduación, alegría que dejó huellas en mi corazón y que quedó plasmada en una foto donde ambos estamos sentados disfrutando de la fiesta en el centro recreativo de Santa Clara "Arco Iris" donde fui reconocida con el 2º lugar en el escalafón para estudiar la carrera de medicina, en aquel momento ese era un gran resultado, pues las plazas para dicha carrera eran muy escasas. Gratitud eterna a mi padre.

Jesús Fernández Pérez de Alejo. 3er hijo.

Para hablar de Everaldo, mi padre, nada mejor que su vida a través de sus 13 hijos, a los cuales, (en unión de mi madre Estela), les transmitió la cultura del trabajo y todos tienen medio de vida de forma creativa, donde entre otros se logró una descendencia de profesionales.

De mi padre uno de los valores que más admiro es su valor para luchar contra las adversidades. No había lugar para la queja cuando un negocio se terminaba, ya tenía pensado el próximo y comenzaba con ilusión. Recuerdo que me dijo: -son tan buenos que no sirven-, refiriéndose a las nuevas leyes para tratar a los comerciantes, decía que el sistema era inoperante para la iniciativa propia.

Su perseverancia rayaba en lo increíble. Se fue a la mecánica con una caja de llaves y sus conocimientos, porque recuerdo que por el año de 1957 ya estudiaba por correspondencia la mecánica y al final se graduó.

Recuerdo que siempre llevaban cuenta de la ubicación de sus hijos. En una ocasión veníamos de la calle y cuando llegamos le preguntó a mi madre: Estela, ¿dónde está mi hijo X? y ella: bueno, salió afuera… pero, ¿adónde? Ya veré y salía a buscarlo con su GPS… y siempre lo hallaba y ahí se formaba, que esto, que lo otro, en el mejor de los casos si no salías con un castigo o un aletazo. Pero una cosa, siempre te llamaba después y te explicaba el porqué del asunto. Eternamente agradecido por tu legado. Descansa en Paz.

Gudelia Fernández Pérez de Alejo. 4ª hija.

Escribe Gudelia Fernández Pérez de Alejo, la cuarta hija de Everaldo Caridad Fernández Pantaleón y Estela Pérez de Alejo Fernández, apodada por mi padre como Gullo o Gullito. Para ofrecer algunas consideraciones de mi padre, necesariamente hay que hacer un esfuerzo para no hablar de mi madre y de la vida en comunión con mis 12 hermanos carnales en la casona de Santa Catalina construida por ellos donde crecimos bajo el manto protector de ambos.

Mi percepción acerca de él está intacta puesto que no muere quien deja huellas tan profundas, para mí un acompañamiento sin igual, mi eterna gratitud, admiración y respeto. Mi padre fue un hombre con virtudes y defectos: su simpatía, carisma, humor fino al hablar, con un físico atractivo y sobre todo su decencia hicieron de él un ser con un gran magnetismo para el trato con las personas y de una gran humanidad y capacidad para reconocer sus propios defectos que con total claridad y tranquilidad los hacía saber. En una ocasión que conversábamos siendo ya adulta me leyó un apunte de los tantos que seleccionaba de sus frecuentes lecturas y anotaciones que decía: "Feliz el hombre que encuentre el conocimiento y la sabiduría de sí mismo." Su decencia se reflejaba en la fortaleza de carácter y su espiritualidad. Su respeto a los demás, amor a la familia con una visión aristotélica: la familia como una institución moral. Hombre de pensamiento y actuar con prudencia con una gran sed de conocimientos y una meta muy definida por realizar: sembrar en su descendencia la virtud humana que hoy no pocos nietos y bisnietos también reciben su bendición.

Nunca escuché quejas ni lamentos en mi casa, no había espacio para ello, típico de hombres valientes y seguros de sí mismo y del alcance de sus fuerzas. Demostró que hay que levantarse antes las adversidades, aunque no sea fácil y a un alto costo, lo que en más de una vez marcó a la familia, sencillamente una lección de valentía, coraje y amor propio, un Titán por su fuerza y voluntad, muy trabajador, incansable: fue mensajero, vendedor ambulante, empresario, mecánico, apicultor, agricultor y sobre todo un gran ejemplo de padre, siendo precisamente, el primer educador que uno recibe al nacer. Entre afectos y castigos me mostró en complicidad con mi madre el verdadero camino para triunfar en la vida, ser feliz y formar mi propia familia, infinitas gracias.

Estoico como pocos, inamovible en sus principios y ética, libre de pensar, decir y demostrar sus ideas. Reflexionaba sobre lo leído y vivido con visión de futuro. Siempre resuelto a enfrentar las dificultades y vencerlas por complejas que fueran, sine qua non: frente a las adversidades sale a la luz, la virtud.

La caridad y el amor por los suyos, su familia, amigos y todo aquel que lo necesitara fue su mejor traje, su traje de gala, de bondad, de dar sin recibir a cambio, de ayudar al más necesitado lo que nos hizo crecer como persona y no pocos en la familia lo practicamos. Me enseñó que la felicidad consiste en hacer bien, obrar bien, con decoro. Mi padre un caballero por naturaleza, un hombre donde convergen muchas cualidades morales y éticas que lo hicieron diferente, según aprecio.

Gratitud infinita por darme junto a mi madre un hogar y extensa familia por tanto diversa y sobre todo por su ejemplo y la educación recibida. Descansa en paz y un abrazo inmenso hasta el cielo. De los recuerdos gratos de la infancia:

Jugando con mis hermanos: A buscar el grillo; En el butacón de la penitencia; Los paseos a casa de los tíos, al zoológico y a la playa.

A buscar el grillo y el que lo encuentre recibirá una sorpresa, esa era la voz de mando de mi papá para un grupo de hasta 5 niños dispuestos a capturar el grillo, aunque la búsqueda durara más de una hora y nos diéramos cuenta de que el grillo era incogible. Casi no podíamos pisar el césped porque entonces el grillo dejaba de cantar y moverse. Después de adulta me percaté que fue una forma muy inteligente de tenernos sanamente ocupados mientras él con mi madre podía conversar o hacer otros menesteres con más tranquilidad.

Como mismo fue muy creativo mi padre para controlarnos nosotros aprendimos de él, resulta que existía una penitencia diría colectiva porque se podían sentar hasta 7 niños en un butacón maldito pero muy amplio y cómodo que era parte del juego de cuarto de mis padres que aún existe y está intacto después de ser tapizado. Entonces ahí sentaditos éramos castigados por haber hecho algo indebido casi siempre por más de una hora, resultado…en los primeros 20 o 30 minutos todos tranquilos y en silencio, después empezábamos a gozar sin mucho alboroto porque mi papá seguía más o menos atento y niños al fin hacíamos cuentos, nos reíamos, jugábamos a la sortija, al no me toques, nos parábamos y rápidamente nos sentábamos, pedíamos agua y después aparecía mi papá entonces, todos tranquilos y listos para responder sobre el motivo del castigo y cual fue la lección aprendida.

Para los paseos siempre había que pedir dos permisos: algo muy curioso ocurría, cuando se lo pedíamos a mi papá primero la respuesta era: ¿Ya le preguntaron a su madre y qué dijo? Y a partir de ahí comenzaba el asunto y ambos puestos de acuerdo sea por una mirada o por el tono de voz, por las preguntas que hacían, te concedían o no el permiso, casi siempre era sí porque teníamos muy claro adónde y con quién podíamos ir y de esta manera teníamos permisos para ir a la casa del tío Gonzalo, al campo y a Caibarién con los tíos Idalia y Ramón siempre en compañía de la abuela materna y alrededor de 3 hermanos para pasarla bien.

Al Zoológico íbamos los domingos sobre el mediodía adonde llevábamos unos plátanos para los 4 monitos que había, era una gran fiesta pasábamos el rato con calor, pero no importaba paseábamos con mi papá y de paso nos divertíamos y aprendíamos a cuidar a los animales, un paseo cortico pero suficiente para que mi mamá terminara el almuerzo del domingo que siempre fue el mejor de la semana donde coincidíamos todos en la mesa, la familia reunida.

A la playa El Inglés, esa si era una verdadera fiesta, el día anterior mi papá revisaba la máquina como le decíamos nosotros al Chevrolet y mi mamá preparaba el almuerzo y las meriendas para el paseo. Tempranos nos levantábamos y rápidamente subíamos sin chistar para la máquina, todo el viaje era casi en silencio pero cuando en el horizonte divisábamos el mar ahí se acabó y comenzábamos a cantar a viva voz: "Ya llegamos a la playa" hasta 4 veces seguidas, tremenda alegría.

Mi papá siempre preocupado por nuestra educación y la decencia construyó con sus manos un vestidor con tubos y mi mamá lo vistió con tela, de manera que tuviéramos un lugar seguro para desvestirnos siempre al recato de nuestro cuerpo. Colgábamos unas hamacas en los árboles y a pasarla bien, en familia. De regreso todos calladitos porque viajábamos dormidos.

Ya en la etapa juvenil: de los recuerdos gratos que me ayudaron a definir mi futuro. Sucedió que terminado el Preuniversitario me tocó elegir la carrera a estudiar y una de las propuestas fue estudiar la Licenciatura en Logopedia en Moscú. Resultó que en Cuba no existía la carrera y por tanto era desconocido su objeto de estudio y perfil ocupacional, entonces mis padres al ver mi interés conversaron y él me llevó a la Universidad Central de Las Villas Martha Abreu, para que el rector de aquel entonces me explicara sobre la carrera, sin mucha información porque no la tenía, me dijo que se vinculaba con la psicología, que seríamos los primeros en el país porque esa especialidad no existía. Después de estudiar el idioma ruso un año en La Habana llegó la hora de partir para el extranjero y mi padre y mi querida hermana menor Magalys me despidieron al pie del ómnibus que nos llevaría a La Habana y de ahí emprender el viaje en barco hasta Odesa y después a Moscú. Recuerdo que muy conmovido me dio un beso y me dijo: hija cuídese mucho, recuerde lo que ha aprendido en su casa, piense que aprenderá otro idioma, otra cultura y sobre todo tendrá el título que le abrirá las puertas en la vida si lo hace bien, un beso con un abrazo de despedida que hoy comprendo cuan resuelto fue y agradezco que confió en mí. Siempre siguió desde la distancia mis logros hasta que regresé y le pude dar la gran alegría de verme graduada.

Otro de los recuerdos muy agradables fue cuando le dediqué el libro de mi autoría: "Trastornos de la fluencia verbal. Implicaciones psicopedagógicas" resultado de mi doctorado en Ciencias Pedagógicas, luego supe por mi madre con cuanto orgullo lo leyó y se lo mostró a los amigos más cercanos.

En nuestras visitas a Santa Clara con mi esposo y mis hijas Mónica y Olivia, ellas montaban una actuación con todo lo aprendido, un poco de ballet por parte de Mónica, pantomimas, poesía, canto y los abuelos se sentaban por las noches en la amplia sala de la casa para disfrutar del espectáculo. Mi padre en particular lo disfrutaba mucho y las nietas se esmeraban en hacerlo bien. Siempre fue una noche muy feliz entre risas, aplausos y elogios por parte de sus abuelos. Para mí, era devolverle las alegrías.

Siempre nos intercambiamos libros y me encargaba títulos que yo debía buscar. La Biblia que siempre leyó y estudió con profundidad, fue un regalo que me hicieron cuando yo asistía a la iglesia evangélica cercana a la casa y soy feliz al ver como mi madre la conserva con sus apuntes y sus hojas, son testigo del tiempo que dedicó a leerla. Si seguimos hablando de libros, mi padre me regaló uno que conservo como una reliquia, "El hombre mediocre" de José Ingenieros y en particular su dedicatoria que siempre me acompaña: "Con amor para mi hija Gudelia de su papá" y al final estampada su espléndida firma.

Por último un recuerdo que puede no parecer grato por su contenido pero no requiere comentarios y expresa que el hombre que obra bien deja un manifiesto de moral y ética para su descendencia. Justo el 19 de Agosto de 2012 cuando le dimos sepultura a mi padre ya al atardecer fue necesario ir a la farmacia más cercana a buscar un medicamento, mi querido hermano menor Ulises y yo fuimos por el medicamento y cuando llegamos a la farmacia estaba una persona siendo atendida, después nos tocaría a nosotros y de momento alguien nos pidió el último en la fila. Sucedió que cuando la señora terminó de comprar y se estaba despidiendo de la dependienta nos miró, reconoció a mi hermano y le dijo: supe de la muerte de Everaldo… rápidamente el señor que nos había pedido el último en la cola dijo: -disculpen, ¿están hablando de Everaldo el alcoholero?-, apodo que recibió cuando era dueño de un negocio de combustible muy próspero en Santa Clara y poblados aledaños, -¿ustedes son sus hijos?- y nos contó que cuando era niño acostumbraba a no ponerse ropa y salir al portal de su casa y hasta la calle, entonces, un buen día Everaldo se acercó a mi mamá y le dijo que no permitiera eso por las consecuencias que podía tener, mi madre le hizo saber que estaba escaso de ropa y para sorpresa de todos al día siguiente se apareció con unos shorts para mí, que hombre tan observador, tremenda persona, yo era un niño y hasta hoy lo recuerdo. En medio del dolor de haberlo perdido nos sentimos orgullosos de ser sus hijos y como inicié este texto no muere jamás quien deja huellas tan profundas.

Miguel Fernández Pérez de Alejo. 5º hijo.

Si voy a hablar de los recuerdos memorables de mi padre, no me alcanzaría todo el tiempo de este mundo, pues son muchos. Entre los 6 y 7 años comencé a ayudarlo en la mecánica, hasta la 2ª intervención de su negocio en 1968, un 13 de marzo, ese día yo cumplí 12 años. Aún veo la calidad de la rampa que él mismo construyó para levantar los carros de cualquier tipo, paso a diario por el frente, pues arreglaba todo tipo de carros con los conocimientos de mecánica que él adquirió de forma autodidacta, estudió mecánica por correspondencia en una academia de Estados Unidos.

Con él aprendí muchísimo de mecánica, así como a manejar autos americanos de distinto tipo, además de camiones y motos. También pintaba los carros, recuerdo a un cliente suyo, Meneses, que le encantaba pintar el suyo de verde y cuando lo veía llegar, me apuraba en buscar la lija para prepararlo para pintura, de él recibí la primera propina de mi vida, $20, que al valor actual saben lo que eso significaba. En una ocasión le trabajó a Meneses y le pidió por ello $180, Meneses entonces le dijo: ¿cómo me vas a cobrar eso Everaldo, con todo lo que ustedes han trabajado? Recuerdo él le dio como $220 o $240 y papi no lo quería creer, entonces me entregó mi propina; nosotros estábamos educados en la disciplina, nos miramos y todo quedó ahí. A partir de ese momento recibía mis propinas.

También recuerdo el caso de Nelson, hijo de Manolito Felipe, que se iba a ir del país y vino con su carro porque lo tenía que entregar al Estado en buenas condiciones, así como la casa y todo lo que le quitaban. Manolito vino a ver a papi después de pasar por un montón de mecánicos que no le habían resuelto y lo llamó "el sabio de Santa Catalina". Nos llamó la atención que no había venido a verlo primero, pero papi dejaba pasar todo eso. Nelson le dijo: -Everaldo, tengo a mi familia embarcada, no me puedo ir porque el carro no funciona-, papi le respondió: -ahora mismo no puedo, pero parquéamelo frente a la casa, por la tarde yo lo reviso y estudiaré si puedo o no resolverte el problema, voy a hacer lo posible-. El carro era un Ford del 58 de 8 cilindros.

Cuando vino por la tarde, empezó a analizar el carro y me dijo: -móntate y cuando te diga acéleralo-, así hice, se aceleraba sin control y lo más que caminaba eran 30 km/h. luego de analizarlo me dijo: -afila el craftman-, esto era una pequeña pieza de un acero muy duro, lo instaló, arrancó y aceleró y aquello destupió el múltiple del motor, comenzando a trabajar bien; me dijo entonces: -este carro lo que tienes es tupida la garganta del motor-. Arrancó el carro y me dijo: -móntate-. Salimos y de tan bien que trabajaba el carro llegamos en un santiamén hasta Camajuaní, no demoramos en el viaje de ida y vuelta ni 40 minutos.

Al otro día viene Nelson a buscar el carro, lo probó y le dijo que el carro estaba como era antes, funcionando perfectamente, lo único que suena mucho, papi le dijo: -olvídate del sonido, monta a quien tu quieras y llévalo a donde quiera-. Así fue, lo interesante fue que le dijo a papi, que cuando viniera de los Estados Unidos, le traería para todos sus hijos, lo cual todavía estamos esperando, pero a papi no le molestó. En ese momento le deseó que le fuera bien y me comentó que ojalá cumpliese su palabra, lo cual sabemos no fue así; a pesar de que esa persona que ya no está en este mundo, regresó en varias ocasiones y ni siquiera se ocupó de venir a saludarlo.

Posteriormente papi, después de la 2ª intervención comenzó a trabajar en el taller de Técnica Capitalista, donde estuvo por un año aproximadamente, en un mal ambiente, hasta que renunció y comenzó a trabajar como custodio de 2 storages en la noche, una noche sí y otra no, mientras trabajaba en el campo por el día para podernos alimentar adecuadamente. Eso duró más de 15 años, mostrando un gran compromiso con su familia. Ese era mi padre. Me duele mucho que no esté, pero su presencia se siente y se que nos protege desde su altura.

Felicia Fernández Pérez de Alejo. 6ª hija.

Soy Felicia, la sexta hija y cuarta de las seis hembras, por lo que no tengo vivencias de la familia en los primeros trece o catorce años del matrimonio de mis padres, pero si de los hechos que se sucedieron hasta el presente y se me hace difícil, pero intentaré escribir en breve algunos de los recuerdos gratos que conservo de mi Querido Padre.

En fin, creo que no es difícil expresar como lo siento vivo y lo llevo en mi corazón como lucero que ilumina el camino que recorro día a día; sus enseñanzas, su ejemplo, sus consejos, su evolución personal durante su andar, son dignos de un hombre muy especial que deja una profunda huella en mí y percibo que en todos aquellos que tuvieron el privilegio de conocerle.

Everaldo con L como decía jocosamente mi padre fue ejemplo de humildad, gratitud y amor para con su esposa, hijos, familia y amigos. Crecimos en un hogar donde la Caridad se practicaba y aun se practica todos los días. El dar y compartir lo mucho o lo poco con el prójimo, fue algo enseñado con su ejemplo que marca mi filosofía de vida.

Recuerdo a la "viejita sorda" con su cantina de comida diaria que suplía la misión de la seguridad social que apenas existía en Cuba. Gratamente pude ver a nuestros padres acceder a la ayuda con los necesitados sin esperar nada a cambio.

En referencia a ello, cuantas personas he conocido que me han hecho saber sobre sus ayudas caritativas en un momento de crisis familiar, enfermedad o de necesidad; lo vimos llevar mujeres de parto, niños, ancianos de urgencia a un hospital, así como recoger animales enfermos, desnutridos para alimentarlos y sanarlos.

En verdad creo que a todos los hijos, nietos, familia en general, nos admiró su versatilidad, constancia y empeño en el propósito y afán de mantener una vida digna, educar y sacar adelante a su familia con honestidad; enseñanza y recuerdo muy grato que vive en mi memoria. De la infancia me invaden muchos recuerdos:

En las visitas a la casa de campo donde vivía el tío Gonzalo, mi abuela materna, en las noches me recriminaba diciendo: "volverás a la mañana siguiente con tu padre para Santa Clara". Yo acostumbraba a entristecerme y llorar todas las noches al ver la oscuridad del campo y la consecuencia era que dormía poco…, entonces al amanecer cuando solía ir con mi tío a ordeñar las vacas y tomar leche en "el jarrito", mi padre llegaba y al conocer de la historia, confidencialmente me decía: "por la tarde vengo a recogerte"; eso era suficiente para pasar otro día feliz y así se sucedía la semana.

Recuerdo con mucho cariño los viajes a la playa: el día que se explotó una goma, el tino y la ecuanimidad que nos exigió de inmediato a ver como salíamos de aquello…

Los viajes al cine a ver películas japonesas…,

Los viajes al Banco a cuidar la máquina: En una ocasión vino un policía a poner un requerimiento debajo del limpia parabrisas y yo rápidamente puse los seguros a las puertas, jajaja.

Cuando íbamos a la Finca de paseo o trabajo, como nos divertíamos y con orgullo observaba como todos le conocían y admiraban su trabajo y manera de ser.

Recuerdo cuando salía con mami a Coppelia u otro sitio y regresaba contando su paseo, en verdad era muy divertido y para mi hasta simpático porque lo respetaba y veía como un hombre fuerte, severo de carácter, pero en el fondo tenía un gran corazón y se le desbordaba el amor que siempre sintió y profesó por nuestra madre. Tenía en su billetera una foto pequeña de ella y en la puerta de mi trabajo lo observé varias veces enseñándosela a mis amigas y compañeras de trabajo. Era impredecible.

También tenía buen sentido del humor y recuerdo como con edad más avanzada, después de los 70 más o menos, siempre decía: "yo soy colérico, celoso y rencoroso, pero el médico me dice que no me puedo incomodar, que me entere del chisme", jajaja.., entonces a veces le hacíamos algún comentario sobre enfermedades para mover la conversación, porque este tema no le gustaba, y decía: "bueno, bueno, me marcho que eso no es para mí, el dolor no se ve y para que hablar de ello"…

Era sencillo y presumido, siempre peinado y rasurado correctamente. Acostumbré a pelarlo desde los 15 años más o menos y conservo su cepillo de aplicar el talco para quitar los pelos del cuello y las orejas. Antes de comenzar siempre me decía: "hija, recuerda, un pelado de artista". Nunca me dijo que no le gustó el pelado y les aseguro que siempre no quedó bien.

Ahora recordaba que cuando quise casarme, muy joven aun, y no tenía la mayoría de edad, me dijo: -Bueno hija, eso puede ser, pero usted debe seguir estudiando y preparándose para la vida-. Palabras que quedaron grabadas en mi mente y fueron motor impulsor para todo lo que vino después.

Con mucho orgullo escucho a los nietos varones que comparten a menudo con mis hijos como sus enseñanzas y consejos marcaron sus vidas y como lo consideran un "abuelo muy especial" por todas las herramientas prácticas que les enseñó para conducirse adecuadamente por la vida. Entre otras, ensenó con demostraciones, "que el provocador te lleva a la cárcel o al cementerio y es mejor evitarlo".

Que más decir: ¡ese es el mejor legado de un hombre que se esforzó mucho y supo darlo todo por su familia, y legó con dignidad su nombre como genio y figura hasta la sepultura!

Gracias Padre, ha sido un privilegio tenerte.

Samuel Fernández Pérez de Alejo. 8º hijo.

Mi papá es un paradigma para mi persona, que me guía en gran parte de mi vida, en el trabajo, en el trato a las personas, en la constancia para lograr las metas que uno se traza. Tengo el privilegio de haber recibido una educación de tres personas maravillosas, con diferentes características y distinta educación pero idénticas en honestidad y respeto a los demás. Siempre situando a cada uno en el lugar que merece. Mi padre era un letrado de conocimiento autodidacta. Mi madre una verdadera maestra y mi padrino un hombre analfabeto pero de una educación natural digna de seguir.

Recuerdo un día que estaba en casa de mi padrino Daniel, donde me fascinaba estar y llegó mi papá con su corre corre, empezó a apurarme, hablarme con desespero y ansiedad, entonces mi padrino que lo estaba oyendo le dijo: -déjate de cantaleta y arrebato siéntate para que tomes café- y él que no era fácil pero lo respetaba se sonrió y se sentó calmado a esperar.

Mi padre era una persona de un carácter fuerte, serio para todo, en especial para sus negocios, tenía una sola palabra sin retroceso, sin dejar el doble sentido la jarana oportuna, en ocasiones educativa y sana que lo hacía robarse el auditorio.

Recuerdo sus consejos, siempre me decía que el nombre había que cultivarlo, ganárselo, subir por tus propios brazos y nunca esperar que nadie te empuje.

Un día estaba arando y tenía gran tarea hecha, los bueyes estaban cansados y yo también pero quería acabar el campo de tierra, ya era tarde y me vio de lejos, se me acercó y me preguntó ¿Todo esto que está arado lo hiciste hoy? Le respondí que sí y quería terminar, lo que me contestó:- mira siempre para lo que tienes no para lo que te falta, no te lo comas todo hoy y deja algo para mañana, ¡suelta ya!-

Mi padre era cuidadoso de todas las personas que él quería, en especial mi mamá. Decía: mujer es cualquiera, esposa es una sola, mi señora. Reconocía la belleza y virtudes de las damas.

Tuve la necesidad y el honor de despedir su duelo. Para hablar de él se necesitaba una persona que lo conociera bien, incapaz de hacer un cumplido como suele pasar en muchos funerales. Recuerdo decir entre tantas cosas: Ese señor que sus restos reposan en ese ataúd me irradia seguridad y valor. En este momento tan difícil para uno, me doy cuenta que vienen a mis pensamientos sus reflexiones y enseñanzas en este exacto lugar donde su espíritu asciende que me hace sentir un magnetismo de fortaleza. Resumí su vida comparándola con un cristal transparente, siguiendo siempre una linea recta, sin curvas, sin flaquear, con dignidad y amor propio.

Me siento convencido que cumplí con mi padre como un hijo ¡Eternamente estará en mí!

David Fernández Pérez de Alejo. 9º hijo.

Soy David, el número 9 de los nacidos del matrimonio de Estela y Everaldo. Sobre mi padre mucho puedo decir, necesitaría escribir un libro solo con mis vivencias, tuve la oportunidad y el privilegio de estar mucho tiempo cerca de él, fue una persona extraordinaria de esos que dejan huellas muy profundas durante su paso por la vida, ya en lo particular lo tengo presente siempre, esa sensación como si lo tuviera a mi lado, sus consejos, sus lecciones, sus ocurrencias, sus enseñanzas repican en mis oídos a diario, fue un héroe capaz de vencer todos los obstáculos por los que tuvo que atravesar para poder educarnos, alimentarnos y prepararnos bien, con su ejemplo, su temple, su valor y sus demostraciones para afrontar la vida.

Anécdotas de él tengo muchas, de esas que no puedes olvidar. Recuerdo cuando niño íbamos cuatro de nosotros para la finca por un camino, él delante y nosotros detrás, había un nido con 3 pichones de sinsonte, cuando el pasó los vio y se viró hacia nosotros y nos dijo, esos pichones se pueden ver pero no tocarlos, déjenlos ahí en el nido, nosotros no respondimos nada y por supuestos como niños al fin, enseguida los tomamos para jugar con ellos, al regreso lo primero que hizo al pasar por el nido fue fijarse, al no verlos se trastornó, como volcán en erupción, nos reunió y dijo: -que salga él que agarró los pichones-, nadie dijo nada, nos miramos y silencio total, dijo- nadie fue, pues aquí se quedan en el campo todos solos de castigo hasta que aparezca el que fue-. Por supuesto aunque supieras quien fue, no lo podías decir porque eso lo haría un delator y él no lo admitía, él educaba así a diario y con demostraciones, al final nos salvó del castigo Paulito un amigo vecino de la finca al cual admiraba y respetaba mucho.

Yo de muchacho era medio lento y entretenido y la agilidad que tengo hoy se la agradezco a él, recuerdo cuando íbamos en el carro a casa de Modesto un amigo que tenía muchas colmenas de abejas y era su maestro en ese tema. El camino tenía muchas puertas intermedias que abrir, cuando paraba en el carro te decía: -bájate, dale muchacho bájate rápido y abre la puerta, dale corre, brinca, salta rápido- y cuando pasaba decía: -cierra rápido y corre-, el seguía andando entonces tenías que correr para poder montarlo.

Recuerdo cuando fui a entrar al ejército me sentó y dijo: -acuérdate de todo lo que te he enseñado aplícalo para que no tengas problemas, no juegues con el fusil, date a respetar, cumple con todo lo que te ordenen-. Al mes y medio cuando regresé de pase me saludó y dijo dale, informa como va todo, respondí, me va bien voy a trabajar de barbero pero no tengo instrumentos con que hacerlo, enseguida respondió: -eso se resuelve, yo tengo un amigo barbero, Vicente- y fuimos allá, en efecto me dio la tijera y el peine para pelar y de paso instrucciones de cómo hacerlo. El día que iba de regreso para la unidad me dio solo 5 pesos y dijo: -no puedo darte más resuelve con eso-, no respondí nada, sabía que lo hacía para que aprendiera a ahorrar, aprendí a coger botella de pueblo en pueblo y muchas veces llegué con los 5 pesos a la unidad.

En una ocasión demoré unos meses en venir de pase y él y mi madre fueron en la moto, recuerdo mami llegó con dolor en los pies porque el lugar era distante, yo conversaba con ellos y les decía que no vinieran que yo estaba bien, él lo sabía, pero vista hace fe. Ya después, cuando trabajaba en el museo a cada rato se aparecía con un almuerzo, un día le comenté que le daba un poco a la empleada de la limpieza y me respondió: -eso está bien- y se sonrió, la próxima vez que fue, llevó 2 almuerzos uno para mí y otro para ella, él siempre te sorprendía con su manera de enseñar, él sabía llegar a las personas.

Muchas de mis amistades y compañeros de trabajo todavía hoy lo recuerdan con admiración y respeto, para él no existía obstáculo alguno, todo lo llevaba hasta el final. Recuerdo cuando tuvo que irse a trabajar para la finca de mis abuelos maternos sin ser campesino, lo asumió y de qué manera por tal de que no pasáramos hambre, en muchas ocasiones aramos la tierra de noche con un muchacho en cada punta del surco con un mechón encendido, desmontando manigua él y nosotros y se hizo producir y hoy aún, con mis manos estoy sacándole provecho y recordando paso a paso sus enseñas, aplicando su lema principal: desconfía las 24 horas del día, no enseñes lo que tienes y a nadie le digas la verdad.

Él fue capaz de renunciar a sus intereses por no abandonarnos nunca, pudo irse para los Estados Unidos y no lo hizo, sinceramente fue un héroe porque fue capaz de educar y criar bien a 13 hijos, fue un hombre difícil de imitar y difícil de olvidar.

Everardo Fernández Pérez de Alejo. 10º hijo.

Lo primero que me viene a la mente es un pensamiento de José Martí: "los hombres van en dos bandos, los que crean y construyen y los que odian y destruyen". Sin duda alguna, mi padre pertenece al primer bando, pues al crear una familia de 13 hijos junto a su esposa, nuestra madre hasta que se convirtieran en adultos como hombres de bien, capaces de caminar solos por la vida impulsados por su propio esfuerzo, está claro que es una obra de quien ama y construye.

Mi padre fue un hombre singular, de los que se cuentan con los dedos de las manos, nada común, pulcro en el vestir y siempre irradiando luz, algo inherente a las personas de gran capacidad y espíritu elevado; era capaz de compartir su amistad con un mendigo, un doctor o por ejemplo, destacaba su amistad con Daniel García, mi padrino y padrino de muchos otros, un hombre analfabeto pero de sentimientos puros, una inteligencia natural para distinguir el bien del mal, ese fue Daniel. La amistad de mi padre con mi maestro de música Humberto Carranza es bien conocida, un hombre de gran cultura con más de un título universitario, con una capacidad de amar a sus semejantes casi imposible de superar, un gran hombre, amigo de mi padre.

Mi relación con mi padre fue excelente siempre, podía conversar y debatir con él por horas sobre cualquier tema, religión, historia universal, política, mecánica, apicultura, ganadería, agricultura, psicología. De él aprendí a andar con las abejas, lo que hoy en día practico, muchos me llaman para que les recoja las abejas y su miel; sus libros todos me los prestaba, yo los leía con gran avidez para de esta manera poder debatir con él, como siempre hacíamos.

Honrado como ninguno, honesto, con una dignidad inquebrantable, imposible de comprar a ningún precio, con una capacidad de trabajo única y fiel a sus principios y moral. Le tocó a mi padre vivir en un país donde todas esta virtudes fueron cercenadas, donde solo prevalece la falta de moral, de decoro y dignidad, donde prevalece el odio, la mentira y la traición. Todo el esfuerzo de su juventud para formar a su familia le fue robado, todas sus propiedades obtenidas por medio de su trabajo con gran esfuerzo y sacrificio junto a mi madre, les fueron arrebatadas por un sistema basado en el control total de todos los poderes.

Debido a esa circunstancia del país, mi padre tuvo que dirigirse junto con una buena parte de sus hijos a sembrar lo que se pudiera, en una tierra bastante difícil, muchas piedras, hubo que inicialmente desmontar todo el campo para poder sembrar, protegiendo por otra parte frutales y árboles maderables, siempre nos decía: "cuidado, no tumben esa matica, dale por la orilla, no pudimos nunca tumbar ni dañar los frutales como mango, guayabas, aguacates, mamey, limones, entre otros, toda una arboleda que permanece hasta la actualidad, contrastando con los alrededores, era y es como un oasis en medio de tanta desidia. Y así sembramos nosotros, frijoles, maíz, tuvimos frutos de todo tipo que además servían para elaborar en la casa dulces de todo tipo, que contribuían al mantenimiento de la familia, claro gracias a él, con la experiencia de haber creado una empresa, que le fue arrebatada por la denominada Revolución o *"Robolución"*, bueno, sin pensárselo dos veces fuimos para el campo, aprendió a sembrar, con este ejército de niños que lo acompañaba a domar los bueyes y a la vez él iba aprendiendo también porque tampoco sabía nada de campo, a veces era un poco fuerte con nosotros, en ocasiones alguno de nosotros se molestaba por los regaños, pero, al final comprendíamos que todo era por el bien de la familia.

Yo le estoy agradecido eternamente a mi padre, porque nunca me ocultó nada de la mal llamada Revolución, enseñándome las herramientas para que yo pudiese escoger mi camino en la sociedad. Hoy en Cuba es fácil decir que hay una dictadura que lo ha destruido todo material y espiritualmente, pero mi papá lo predijo desde el año 1958. Mi padre asistió en ese año a una reunión en La Habana, donde se propuso recoger dinero para poner en el poder a Fidel Castro, a lo cual él se negó, poniendo de manifiesto una gran capacidad de anticipación.

Mi padre me enseñó a pensar, usar el cerebro y hacer los razonamientos adecuados para actuar de forma independiente, para no depender del gobierno ni de persona alguna, y se lo agradezco, pues es la única manera de ser verdaderamente libre. Donde quiera que se encuentre llegue a él todo mi amor, respeto y gratitud, así como el orgullo de tener un padre tan genial.

Ahora recuerdo alguna de sus sentencias: *"si quieres pintar una mentira, pinta a un hombre", "las personas te abandonan por interés o por miedo", "lo mejor de todo es ser tonto, avaro y tener buena salud, ah! Pero si te falta lo primero te partió un rayo", "el asunto no es lo que comas y lo que bebes, sino con quién te lo comas y con quién te lo bebes, "nadie es dichoso hasta el fin"*; entre otras. También recuerdo su adivinanza favorita: *"peludo montó en pelado e hizo un juramento puro, de no bajarse de pelado hasta no verlo peludo"*. Y la poesía que siempre decía con una sonrisa pícara: *"no es verdad ángel de amor, que en esta apartada orilla hay una peste a morcilla, a ti no te da el olor?...yo a las montañas subí, a los llanos bajé y en todas partes dejé, recuerdos amargos de mí, tín Marín de dos pingüé ¿dime quién es?"*

No importa el tiempo que haya pasado desde la desaparición de mi padre, siempre está y estará conmigo.

Emilio Fernández Pérez de Alejo. 11º hijo.

Soy Emilio el antepenúltimo hijo, el 11º del matrimonio de Everaldo y Estela. Este recuerdo testimonial fue grabado el 7 de enero de 2023, en una conversación con mi hermana Felicia que pregunta lo siguiente:

Felicia: Emilio, ¿tú recuerdas o estabas el día en que papi se cayó en el pozo, allá en el campo?

Emilio: Eso fue que papi se resbaló porque ese pozo no tenía brocal. Ese pocito patinaba mucho, allí se cayó el buey Primavera.

Felicia: ¡Ah!, fue en ese mismo, ¿Ese es el que está al pie de la casita donde vivió abuela?

Emilio: No, no, el que está allá atrás donde está el tanque de agua de las vacas.

Felicia: ¡Ah!, no sabía… Síí, ese lo he visto. David nos llevó a verlo, hace unos años, después que papi falleció y fuimos con mami.

Emilio: En el del pie de la casita se me resbaló la soga y casi me caigo. Pasé tremendo peo…, la verdad que hace muchos años y no recuerdo bien las cosas.

Felicia: Si, si claro, eso lo tienes en la cabeza como una película. Ustedes eran niños.

Emilio: Yo sé que fuimos a casa de Andino, pero no fue cuando papi se cayó porque ese día él estaba solo; eso fue cuando el buey Primavera y todavía me pregunto cómo fue que se acomodó y casi ni me acuerdo como lo sacamos.

Felicia: Pero, ¿cómo lo sacaron, Papi estaba con ustedes?

Emilio: Si, claro, nosotros éramos niños. Cogimos unas latas y el Yale de papi se puso arriba para sacar un poco de agua y que estuviera más seguro, aunque ese pocito es chiquito y bajito, apenas tendrá unos 10-12 pies; Eve debe saber más porque estaba ese día, yo no recuerdo todo, pero sí sé que fue con el Yale. Lo que si recuerdo como lo limpiábamos en la seca porque se ensuciaba cantidad.

Felicia: ¿Si, por qué?, si las paredes son de piedra.

Emilio: Lo que pasa es que no tenía brocal en la boca arriba y de niños bajábamos a limpiarlo porque se le hacía un fanguillo en el fondo que era el que sacábamos; uno con una soga desde arriba y el otro con una lata abajo que llenábamos del fanguillo hasta que lo dejábamos con el agua clarita, clarita. Después subía el que estaba abajo, apoyado con las manos y los pies entre las piedras de las paredes.

Felicia: Vaya, tiene historia "el pocito".

Emilio: Como es de piedras cuando le sacábamos el fanguillo, veíamos como le iba entrando el agua por abajo y los costados.

Felicia: ¡Qué lindo, que bonito¡ el agua del manantial por las paredes. Ustedes si tienen para contar de esos viajes al campo con papi. Son muchos los recuerdos.

Emilio: Si, claro, ahora recuerdo también cuando recogíamos los campos de frijoles y de maíz. Fue varias veces que sembramos y recogimos frijoles caritas, antes de los negros.

Felicia: Ahí sí, me acuerdo, algunas veces los acompañé.

Emilio: Es que papi tenía que trabajar de noche y de día, tuvo que adaptarse a ser campesino para garantizarnos la comida. Ahora es que comprendo lo difícil que debe haber sido.

Felicia: Asimismo, no fue fácil.

Emilio: También recuerdo como cuando la vaca le plantó una pata en el pie izquierdo que no paro de trabajar, además siempre nos demostró ser fuerte de mente con muy buena concentración, imagínate con todos esos rollos, como chofer, conduciendo durante tantos años que nunca provocó un accidente.

Felicia: Si es verdad, regresábamos un día de buscar la leche, allá en los Güiros y en la curva de la Universidad la máquina patinó con la grasa del pavimento y una lloviznas, que susto, pero logró controlar la situación y por suerte no había ningún vehículo cerca. De la pata de la vaca padeció por un buen tiempo y con secuelas.

Emilio: Si, así es, pero una de las cosas mejores que recuerdo de papi es como quería a mami, tu sabes que estuve casi todo el tiempo con ellos y doy fe de que él siempre la respetó, consideró hasta los últimos días y no permitió que nadie le faltara el respeto. Recuerdo que siempre llegaba con una historia de las cosas que le habían sucedido en la calle y a veces con un chocolate o una florecita. Es verdad que fue tremendo, son muchas las anécdotas, hay para hacer un libro.

Felicia: Si, así es, tienes razón. Un padre excepcional, con sus defectos y muchas virtudes. Siempre se esforzó por darnos el mejor ejemplo y ahora mucho que lo agradecemos.

Emilio: Es así, un gran padre.

Ulises Fernández Pérez de Alejo. 12º hijo.

Soy Ulises Fernández Pérez de Alejo, hijo de Eulalia Estela y Everaldo. Comenzaré diciendo que el primer recuerdo que tengo de mi padre, fue alrededor de las 12 o 1 de la mañana armando un triciclo ruso encima de la mesa del comedor, yo lo miraba desde el cuarto por debajo de la sábana, no dormí esa noche esperando el amanecer, luego pasé todo el día siguiente montando en el portal de la casa, también recuerdo cuando invadíamos el panqué Manacas o las noches de Coopelia que papi les decía a los del otro lado del mostrador denle todo cuantos ellos pidan sin nunca preguntar cuanto costaba, que coman hasta que se revienten, ahi era cuando Emilio bateaba jonrón. También disfrutaba mucho los juegos de mano al judo sobre todo con Emilio que terminaba cuando caía de nalgas y se le rompían hasta los espejuelos porque los guardaba en el bolsillo de atrás.

Recuerdo con mucho cariño la fiesta del bautizo en casa del padrino Daniel, el privilegio de tener tantos hermanos, todos resbalando yaguas y jugando en aquel hermoso batey de ese gran hombre que tanto amó y respetó a nuestros abuelos, tía, madre, padre y hermanos. Dios lo tenga en lo más alto de la gloria. También recuerdo ser un niño maduro y disfrutar ver aquel hombre con tanta presencia, determinación, seguro de sí mismo con una nota siempre satírica para suavizar las tensiones en el medio de sus conquistas cotidianas.

Mi padre una auténtica leyenda, recuerdo haber participado con él en uno de los tantos funerales que él se ocupaba de todas las carreras en su Chevrolet, en particular la despedida de Pablito Rodríguez, en esa época se velaba en las casas en los campos, fuimos a buscar el médico Castillo, lo llevó a los Güiros y luego lo trajo de regreso a su casa, volvimos para atrás al campo ya eran como las 10:00 pm pero tenía que avisarle a Daniel y el carro no podía entrar por el fango y me dijo prieto ¿quiéres quedarte aquí cuidando el carro o vas y le dices a Daniel?, tenía yo alrededor de 9 o 10 años y rápidamente pensé: si me quedo aquí me roban con carro y todo, entonces me dije: voy, era una distancia de medio km fui corriendo sin mirar atrás todo el tiempo, Daniel me trajo de regreso con un farol y lo regañó duro por haberme mandado solo, de regreso a casa me dijo con voz entrecortada: hijo vivimos en un sistema miserable pero por personas como Pablito hay que echar los restos y el solo tiene a Clara. Hablando de amigos tuve la dicha y la experiencia de conocer y visitar muchos de ellos, quizás muchos no lo vivieron pero cuando más dura se puso la situación en Cuba él decide el 24 de diciembre hacer 24 canastas de comidas para regalar a sus amigos y clientes más cercanos, yo traigo dentro de mi, el agradecimiento por herencia de ambos padres y disfrutaba las caras de aquellas personas que no se esperaban tal cosa en este mundo, uno de los regalos era para Digna madre de Luis Felipe Denis. Cuando se montó en el carro me dijo: -¿viste la situación? no tenían nada para la cena- y él les alegró la Nochebuena. Quiero resaltar que la entrada a cada casa con esos regalos la introducía cantando villancicos y con una gran sonrisa jodedora como solo él sabía hacer, nunca se olvidaba del negrito Sandoré que tanto aprecio se tenían, Roberto, Humberto Carranza, son tantas las experiencias lindas que tengo que contar.

Un día llega mi hermano Eve con la noticia que su maestro no tenía agua en su casa y la sorpresa para mi era que él tenía una bomba de agua guardada hacia 40 años encima del garaje, me dijo: -Prieto sube y bájala para que vayas y ayudes a Everardito a instalársela-, él era un hombre como decía que se había preparado para un camino largo. Para dicha y felicidad mía ya era un adolescente de 13 o 14 años y decido que quiero su versión y si fuera alcanzable, mejorada, lo que no inmaginé es que la meta está tan lejos, pero el camino es muy hermoso, pues gracias a su ejemplo, charlas diarias y constancia, tuve la dicha de escoger y haber creado una linda familia. De Everaldo Caridad Fernández Pantaleón se pueden escribir 100 libros, en esta ocasión es un tributo con un lindo matiz, pero algo que si hay que destacar en cualquier libro es la clase especial de hombre que era, no he conocido otro con la dignidad, principios, moral respeto hacia los demás, un padre insuperable, un amigo, vecino, que corría si era necesario hasta con sus enemigos, para llevarlos al médico en su carro pagando él la gasolina a un precio hasta $35 el galón, un hombre de un valor sin igual con un plan de vida para sus 13 hijos y a pesar de llegar la desgracia a Cuba aportó más para sus 13 hijos que muchos que solo tenían uno o dos. Conocí a Pancho en los EU y me dijo: -tengo 93 años y no he conocido a otro hombre como tu padre- y mi padre Baldomero me decía: -si hubiesen 100 hombres como Everaldo en Cuba todo estuviera resuelto-. También en el funeral de una tía de mi mamá, alguien dijo mira, ese es el hijo más chico de Everaldo y Estela y vinieron hacia mi 4 señores y me preguntaron si era el hijo de Estela y Everaldo yo les contesté que sí con mucho orgullo y los 4 tenían lágrimas en sus ojos, todos querían hablar a la vez para que yo entendiera la clase especial de hombre que era Everaldo y cada vez que terminaban una oración repetían y Estela. Dos de ellos habían sido empleados de él y me decían Everaldo trataba igual o mejor al que no tenía nada y al que tenía mucho.

Quiero dar gracias al creador por darme un padre y una madre escogidos de una selección minuciosa y darle las gracias a ellos por haberme regalado 12 hermanos, un hogar digno y sano. Hombres de la postura, moral y dignidad de mi padre, como dice mi hermano Eve, deberían tener un carnet especial para no ser molestados por policías, fiscales, caudillos, ni gobiernos, nadie en el mundo, con libertad de traslación y movimiento, estas personas viven para cada día hacer algo bueno por el universo a pesar de dejar este mundo siempre un lugar mejor. Quisiera agregar que tengo el privilegio de tener a un padre para la eternidad, pues todos los días está conmigo, no solo una vez sino varias en cada situación que se me presenta en el día a día, gracias Papi.

Gracias a mi madre por este trabajo que hace a sus 92 años y que Dios te dé muchos años con salud para que sigas cuidando tu rebaño. Gracias por hacer de mi vida algo especial y diferente, los quiero mucho.

Magalys Fernández Pérez de Alejo. 13ª hija.

"A mi papá Everaldo Caridad Fernández Pantaleón
con amor infinito y profundo agradecimiento de su
hija menor Magalys Fernández Pérez de Alejo."

Desde mi nacimiento hasta mis 44 años de edad en que fallece mi papá Everaldo compartí mi vida a su lado y con mi mamá Eulalia Estela Pérez de Alejo Fernández, un gran número de hermanos, algunos sobrinos, cuñados, entre otros familiares.

A pedido de mis padres, luego de estar casada, poco tiempo después mi esposo Miguel Sánchez Ruiz y yo convivimos en la misma casa donde nacen nuestras hijas Déborath y Daniela y para mayor bendición crecen junto a sus abuelos. Considero que esta fue la primera y mejor etapa de mi vida. Decir Everaldo Caridad Fernández Pantaleón es sinónimo de un ser especial, de esos que se dan escasos dentro de la especie humana, no era perfecto, pero poseía cualidades que marcaban la diferencia.

La historia de su vida contada por mi mamá, su esposa durante más de 62 años y enriquecida por las vivencias y recuerdos gratos de su familia y algunos amigos puede llegar a ser un libro con excelente contenido.

De mi papá Everaldo atesoro los mejores recuerdos, junto a mi mamá Estela que me dio la vida, aunque en sus planes serían 12 hijos, yo soy la contra. Me dieron un hogar, una extensa familia donde se cuidaron y educaron a todos por igual, sobre la base del amor, el respeto, la decencia, la consideración, el trabajo y sacrificio, la dignidad y la honestidad.

Mi papá Everaldo me abrió los ojos al mundo, me enseñó reglas de convivencia y conducta, a cuidar y amar a la familia y a la naturaleza, el valor de la amistad, a apreciar lo bello, las artes, la ciencia, la religión, valoro sus reflexiones sobre política. Siempre me brindó su apoyo incondicional, sus sabios consejos basados en su experiencia y esa inteligencia natural que poseía, es mi ejemplo a seguir.

En su paso por la vida no dejó de construir, auto-prepararse, levantarse frente a la adversidad y aportar ideas y enseñanzas a su descendencia y amigos. Pudiera enumerar sus cualidades, pero tengo la certeza que en esta historia de vida desde diversas experiencias aparecerán reflejadas y llegarán a ser de gran valor para nuestra descendencia.

Algunos recuerdos gratos de mi Papá.

Mi papá Everaldo era Apicultor, de ello guardo muchos recuerdos, eso hace que tenga a las abejas en un lugar muy especial en mi vida, castraba sus colmenas situadas en el patio de la casa, yo era una niña y observaba a mi papá con su velo, el ahumador y un cuchillo que tenía para desmontar el panal de los marcos, yo no temía a las abejas, pero sé que era porque mi papá me hablaba de ellas y me ofrecía seguridad, nos daba panal para comer y había que poner la cera en una vasija y con sus propias manos elaboraba velas de muy buena calidad y luego salía a venderlas, más tarde se llevó las colmenas para el campo para no molestar a familiares y vecinos que hacían alergia a las picadas de las abejas.

En nuestra casa hay una vitrina de madera y cristal, recuerdo en mi infancia que mi papá Everaldo le daba múltiples usos, en el lado derecho siempre había 2 frascos pequeños de cristal que contenían aceite de hígado de bacalao, cada uno de nosotros teníamos que tomar una cucharada diaria, mi papá, a pesar de sus múltiples ocupaciones chequeaba con frecuencia y si no lo tomabas te tocaba un apretón en el brazo que seguro te hacía recordar. Esa vitrina también fue un mural de enseñanzas, el solía escribir sus reflexiones y consejos en cualquier pedazo de papel, los ponía como cartelitos por unos días y luego comprobando, te tocaba otro apretón en el brazo para detenerte y preguntarte, ¿ya lo leíste?, ¿dime de qué se trata?, esos cartelitos quedaron grabados en mi mente para siempre.

Mi papá Everaldo era muy trabajador, creativo y meticuloso en todo lo que hacía, a pesar de que su vida no fue fácil, ponía todo su empeño en hacer las cosas bien, recuerdo cuando vendía miel de abejas, dulce de naranjas, pulpa de guayaba, cremitas de leche, croquetas de pescado, las botellas y los frascos para envasar brillaban y no podían tener ni una hormiguita que gustaban ir a los depósitos, preparó una regla de madera con la medida para las cremitas, un aro metálico con un tornillito como cierre para el molde de las croquetas y así lograba una uniformidad, calidad y presencia del producto que ofertaba, todos estos procesos se realizaban en casa entre él y mi mamá, decía que ella era su socio principal, aunque también le daban participación a sus hijos, tanto en la búsqueda de la materia prima como en algunos casos en su elaboración, recuerdo que siendo niña me mandaba a vender productos a la casa de vecinos cercanos y me daba las instrucciones que yo las seguía al pie de la letra, un día, estando en la primaria, traje un peso de más en el vuelto de la señora Lutgarda, mi papá me hizo regresar a devolverlo, ahí aprendí el valor de la honestidad.

En nuestra casa siempre se celebró la Nochebuena, se hacía una comida familiar con lo que se podía y en ocasiones participaban amigos de la familia, recuerdo que en la etapa de la escuela al campo mi papá iba el 24 de diciembre y me recogía con un permiso hasta el otro día que me regresaba, en esos tiempos ya no se celebraban las navidades en Cuba, pero nosotros sí y mis padres ayudaban a los necesitados, aún en condiciones económicas difíciles. En otras etapas mis hijas y sobrinos hacían actuaciones, como ellas decían, jajaja, y la familia, en especial mis padres, disfrutaban sobremanera estas fiestas, mi papá Everaldo en una ocasión se disfrazó de Santa, eso fue tremenda sorpresa y una linda vivencia que quedó grabada para todos en esa Navidad.

Recuerdo con alegría los paseos en familia por las noches al Coppelia y en las mañanas iba con él a varias diligencias donde me dejaba cuidando su máquina, en una de esas ocasiones aprendí a tomar helado de Almendras en su compañía. Visitábamos amigos con la jaba de traer, ja, ja, ja, como él decía, ayudar, siempre ayudar al necesitado, que a la casa del pobre no va nadie.

Recuerdo la casa del padrino Daniel García, un ser muy especial, ¡que divertido era ese paseo!, de niños, ese resbalar en yagua con mis hermanos menores era lo máximo. Ya en etapas posteriores se volvió costumbre en nuestra familia ir a compartir con Padrino y su esposa Celia el primer día de cada año, también las visitas de mis hermanos que ya vivían en el exterior, todos los que vivimos esos momentos lo recordaremos siempre.

Cuando iba a la finca que fue de nuestros abuelos maternos, no sólo veía sacrificio, sudor y empeño por la subsistencia, mis hermanos trabajaban con él y luego para la escuela, mi papá me ponía a recoger limones, mangos, aguacates, entre otros, pero recuerdo a ese hombre fuerte cortando y pelando cañas y cocos para nosotros comer y así merendábamos y tomábamos agua del porrón, yo les temía a las vacas, él lo sabía, cuando pasábamos por el potrero yo me agarraba del bolsillo de su pantalón, me apuraba, me apuraba, había que seguir a su paso.

Como abuelo fue muy especial y dedicado, cada nacimiento de un nieto lo disfrutaba como si fuera el primero, recuerdo que su última salida en el carro fue cuando nació mi hija Déborath, fue la última vez que él pudo preparar condiciones para usarlo. Siempre preocupado por la educación y cuidados de sus nietos, ayudando, compartiendo y transmitiendo enseñanzas y consejos con sus extensas charlas.

Recuerdo a mi papá con sus lecturas, libro en mano, apuntaba con su dedo índice de la mano derecha cada renglón, hacía comentarios y razonamientos, te seguía por toda la casa mientras realizábamos labores, mi hermana Fela y yo decíamos: dale, dale que tenemos hasta un lector de Tabaquería. Para él la lectura fue un caudal de conocimiento y un gran refugio en tiempos difíciles. Tenía un gran concepto de la familia, la patria y la libertad. Recuerdo su carácter muy fuerte, pero a la vez era muy sentimental, su amor y respeto por mi madre, digno de admirar, nos decía que él se enamoró a primera vista y que ella le hacía señitas ja ja ja, y que el gallego le decía…Everaldo, esa guajirita te va a embarcar, ja ja ja, eso era muy gracioso. En edad avanzada solía ejercitar su memoria con las poesías de su preferencia como," El Sembrador" y enfatizaba…- Hay que vivir sembrando, siempre sembrando-. Compilé frases que cotidianamente repetía en nuestra casa, recogidas en la historia de vida.

Recuerdo a mi papá Everaldo como un hombre inteligente, trabajador, honrado, digno y de buenos sentimientos, ese que él nos decía que de cada 100 nacen 10, creo que vale la pena esforzarse para llegar a alcanzarlo. Aplicar todo lo que mi papá Everaldo me enseñó con amor, dedicación y constancia me ha servido y servirá en mi vida sobremanera, en mis relaciones humanas y afectivas, en mi matrimonio y en la educación de mis hijas. Papá Everaldo, siempre estás en mí corazón. Con amor infinito, tu hija menor.

La compilación de frases de mi padre realizada por mí que por su contenido ilustran como pensaba y actuaba en determinadas facetas de su vida, pasaron por petición de mi madre a la primera parte de esta historia de vida.

Recuerdos memorables de los nietos.

Norlan Esteban Díaz Fernández. 2º nieto.

Dicen que anda una pandilla nueva por ahí. Le dicen "La pandilla de los toca nalgas", ¿van a tu misma escuela? -Y yo que sé, no conozco a ningún toca nalgas.

Cada día al regresar del colegio una de las primeras cosas que hacía era visitar la casa de los abuelos, un lugar especial para mí. Un sitio en el que las emociones se me ponían a flor de piel, ya fuera por todos los afectos que recibía o las aventuras que podía vivir a cada momento. La casa era grande, tenía patio, un pozo de brocal, una casa de desahogo llena de herramientas, una oficina, un jardín, un pantry en el que abuela siempre guardaba alguna golosina, un cuarto de baño con una bañera que se me hacía enorme, y para rematar, las atracciones que por mucho eran mis preferidas: camas literas, una cerca de bloques y acceso al techo escalando por las tuberías del agua. Todo ese mundo maravilloso me aguardaba en cada visita, pero primero había que tener una *"pequeña"* conversación con el abuelo, en la cual él, a su gusto y parecer, fluía por tópicos en los que niños de nueve años como yo estábamos súper interesados, tales como filosofía, religión, historia, política.

Es válido destacar que la conversación con abuelo era como un chequeo de seguridad, o como mostrar tú pasaporte en un punto migratorio. Era ineludible. Así que si la suerte estaba de mi lado, me lo encontraría haciendo algo (lo cual era muy común) y ayudarlo ponía un poco de dinamismo físico entre frases de Aristóteles e historias del depredador. (Vale anotar que no dar una mano a alguien que estaba haciendo algún trabajo era una opción inexistente). Por otro lado, se podría pensar que el momento ideal para mí en ese entonces era que abuelo no estuviera en casa, pero no, él era indispensable en esa fórmula. Si al entrar a su casa, me lo encontraba sentado en uno de los sillones, o en la mesa del comedor disfrutando de una limonada fría… pues nada, adiós a las literas, a la tapia, a las aventuras. El día en que trajo a colación a los toca nalgas por primera vez, al menos para mí, fue inmediatamente después del saludo.

No recuerdo exactamente como ni a qué hora terminó aquella conferencia, probablemente mi madre acudió a rescatarme en el momento en que Moisés estaba guiando a los judíos fuera de Egipto dos o tres horas después de que había quedado claro que nadie me estaba tratando de abusar físicamente. Con el tiempo lo vi perfeccionar su técnica de interrogatorio que no era más que el preámbulo a una clase didáctica sobre todos los temas que volaran por su mente en el momento de la charla. A mí me tocaba callar, escuchar, e ir conectando la brillantina, El Becerro de Oro, las ruinas de Palmira con portañuelas de pantalones que algunos hombres por la zona de la espalda baja.

No pasemos por alto que fui el segundo nieto de un matrimonio, que al momento de mi nacimiento, aún tenían hijos en la escuela elemental. Cuando llegué al mundo, abuelo rondaba los cincuenta años físicos, unos trescientos en experiencias de vida, 2 expropiaciones, diecisiete años de "revolución" intentando convertirlo en parte de la masa, una familia, trece hijos y la reciedumbre de diez guerreros espartanos. La manifestación concreta de eso que llama patriarcado, el de verdad, el que contribuye, el que hace por sumar. Y es así como recuerdo al abuelo, como un pilar de fuerza de un hogar que fundó junto a abuela, que defendió y protegió con la vida por el resto de sus días ¿Defectos? pues claro, una lista como la de todos los humanos, pero su caso es el de los hombre de gran altura, las virtudes y la disciplina de vida brillan tanto que hasta a sus enemigos se les apaga el recuerdo cuando tienen intención de murmurar sobre su vida. Y esta es la razón fundamental por la que a más de una década de no estar con nosotros, su recuerdo es tan fuerte como su vida y la certeza de que las historias del depredador y los gana premios llegarán a generaciones aun por venir en nuestra familia es indudable para mí.

Todas las frases que el abuelo solía repetir hasta la saciedad y que todos en la familia conocemos y recordamos siempre, también fueron parte de mi aprendizaje de vida, pero no las repetiré ahora para que puedan ser disfrutadas como parte de las experiencias y las visiones de sus hijos y otros nietos.

Cosas que decir y recordar sobre él y con él hay muchas, las enseñanzas son inagotables. Abuelo fue un hombre de acción y movimiento constante y eso, a mi modo de ver, es lo más atractivo de su vida. La convirtió en una construcción y de construcción permanente en el esfuerzo de superarse a sí mismo. Le agradeceré por siempre su papel de mentor, la pasión por la lectura, sus consejos de perseguir la fe aunque se quebrantara, sus cocotazos de cariño, sus opiniones sinceras y crudas, el coraje de sobreponernos a los miedos, la caridad, el buen ejemplo, su exigencia, su amor incondicional, en fin; la lista puede ser interminable como interminable es mi admiración y mi amor por él. Creo que ya es tiempo de que otros nos regalen sus experiencias, no quiero retirarme sin repetirles uno de sus temas preferidos.

Un fragmento de El justo y los pecadores - Salmo 1:1-6 *"Bienaventurado el varón que no anduvo en consejo de malos, ni estuvo en camino de pecadores, ni en silla de escarnecedores se ha sentado; sino que en la ley de Jehová está su delicia, y en su ley medita de día y de noche"*

Mónica Hernández, 6ª nieta.

Soy Mónica hija de Gudelia, ella a su vez es la 4ª hija de Everaldo y Estela, y entre las nietas la 2ª. Tuve la grata oportunidad de compartir mucho con mi abuelo Everaldo, por cuanto a pesar de que vivíamos en La Habana, mi hermana Olivia y yo pasábamos buena parte de las vacaciones (1 mes más o menos) en su casa de Santa Clara y en ocasiones íbamos más de una vez en el año, lo que nos gustaba mucho, pues allá vivía gran parte de nuestra familia, tíos, primos, además de ellos, y siempre la pasábamos muy bien.

Abuelo era una persona que inspiraba mucho respeto, tenía una mirada fuerte y firme, como su personalidad, así lo percibía yo de niña y cuando fui creciendo, a ese respeto y firmeza, le descubrí otras cualidades como honestidad, integridad, bondad. Le gustaba mucho conversar o hablar y se apasionaba bastante cuando hablaba de ciertos temas como si los estuviera viviendo otra vez. Tenía muchas vivencias y a eso se le agregaba lo que leía, pues le gustaba mucho leer. Leer libros que lo hicieran pensar, reflexionar y que le aportaran conocimiento para su desempeño diario, al menos eso reflejaba en sus conversaciones, no hablaba por hablar, en su conversación siempre había una enseñanza que cuando una era niña a veces se tornaban aburridas, pues eran largas y con temas un poco complicados para un niño, yo le decía que ya quería ir a jugar y él me tomaba por la mano y decía: -"espere nieta, que ya estoy terminando, escucha esto"-; eso quería decir que estaría al menos 30 minutos más, jajaja.

Ahora agradezco esas conversaciones. Recuerdo que siempre decía que era un burgués, empresario que aró la tierra y trabajó en el campo sembrando y recogiendo sus frutos cuando se lo quitaron todo, siempre ayudaba a todos los que necesitaron de él, recuerdo que en ocasiones le daba de comer a personas que conocía, por supuesto, pero estaban muy necesitadas o regalaba viandas o algo de comer o cocinar a amistades o vecinos, que igual tenían necesidades, eso sin contar las historias que cuenta mi madre de las personas que refugió en su casa al triunfo de la Revolución y las que trabajaron para él.

No hacía diferencia en amistades siempre que fueran personas honestas y de bien, como era él. Recuerdo que decía que −"el que más come de tu mano es el primero en morderte"-, y lo decía por experiencia propia, como muchas otras frases creadas por él, que eran reflejo de sus experiencias de vida. Un hombre muy trabajador hasta el final de sus días y de muchos principios, que a pesar de su formación machista y estricta, propias de la época, siempre promovió e inculcó a sus hijos, hembras y varones, la importancia de estudiar, trabajar, de ser independientes y siempre trató de facilitar y ayudar a ese desarrollo, algo que unos supieron aprovechar más que otros.

Dentro de su seriedad y lo estricto que era, tenía buen sentido del humor y la gustaba hacer bromas, recuerdo que yo me sentaba siempre a su izquierda en la mesa del comedor y siempre decía que no se hablaba en la mesa, (aunque él siempre hablaba, jajaja) y cuando abuela hacía platanitos fritos o tostones, él decía, -"nieta, mire aquello que hay allá detrás"-, y cuando virabas la cara te cogía uno de tus platanitos y se lo comía, cuando le reclamábamos se reía como un muchacho más.

Yo lo admiraba mucho, siempre decía lo que pensaba y lo defendía, como decía él con demostraciones, muy honesto, trabajador, respetuoso, celoso con los cuidados de su familia. Un hombre admirable.

Miguel Ángel Fernández Denis. 7º nieto.

Soy Miguel Ángel, el 7º nieto de Everaldo Caridad y Eulalia Estela. Estos son recuerdos gratos de mi querido abuelo.

Un día, entre tantos, cuando íbamos para el campo en la máquina Chevrolet que conservó toda su vida, yo le dije: abuelo, ¿por qué no pones música para este viaje que es largo? Rápidamente, me respondió: porque cuando viajas en un vehículo debes estar atento a todos sus ruidos y síntomas. La música no te permite escucharlos y te desvía la atención.

Esta enseñanza me acompaña en mi vida y desde la primera motocicleta que tuve en La Argentina lo he practicado y siempre hasta hoy con buenos resultados. Recuerdo como he podido aplicar sus consejos cuando nos decía: "Desconfía las 24 horas del día, no enseñes lo que tienes y a nadie le digas la verdad". Claro, ahora de adulto reconozco bien a lo que se refería y agradezco por las tantas veces que lo dijo para que lo grabáramos y aplicáramos con verdadero sentido en nuestras vidas.

Tengo varias anécdotas que muestran mis vivencias relacionadas con estas enseñanzas. Ahora les cuento:

En mi curiosidad e interés por conocer de las religiones, ya que mi familia materna se inclinaba más al tema católico, los santos, pero no asistían a la iglesia, un día, mi abuelo, me propone llevarme para que fuera conociendo más de cerca ese mundo.

La primera vez fuimos caminando hasta la Catedral de Santa Clara de Asís y fue un recuerdo muy grato, muy lindo, conversamos y disfrutamos juntos todo el trayecto. Para mí era la primera vez que presenciaba una misa. Pasados unos días para que conociera más, me propone ir a un lugar de historia en la colina del "Carmen"; allí me mostró y conocí por él el sitio donde se fundó la ciudad de Santa Clara, aún existe un tamarindo y un monumento. Me explicó que los curas de esa iglesia eran de la orden de los Franciscanos y que el diseño de la arquitectura de la misma existía, aparecía en los pueblitos italianos.

Recuerdo muy bien que terminada la misa, nos sentamos un ratico en el parque a un costado de la Iglesia. El parque estaba, como siempre, un poco oscuro, pero veo cuando saca del bolsillo algo envuelto en un periódico y a mí me llamó mucho la atención y le pregunto curiosamente: abuelo, ¿qué eso que usted trae en el bolsillo?, a lo que me responde: mira nieto, esto es una tijera. Yo insisto: abuelo, ¿qué hace usted con una tijera en el bolsillo? Ahí me explica que aunque estemos visitando un lugar de paz, supuestamente tranquilo, tenemos que transitar por calles y callejones oscuros en el recorrido de ida y vuelta, que no sabemos qué situación se puede presentar, entonces esta tijera la tengo para asustar y de alguna manera defenderme y dios sabe que no hay nada malo en ello porque eso no es un arma, yo solo me protejo y trato de proteger a mi nieto y a mi familia.

Entonces, con su explicación entendí que esa tijera no es un arma y que si por alguna razón existiera algún incidente, podría ayudar solo para asustar al agresor.

Finalmente me insiste en que nunca te debes confiar aunque estés en un lugar bueno, que en la vida hay que estar siempre alerta y hay que trata de conservar la integridad y la de los que estén contigo.

Otro recuerdo relacionado con la anécdota anterior y como aprendimos con el abuelo que debíamos traer siempre "algo" para defendernos en caso necesario es el siguiente:

Un día, en la Argentina, cruzando una calle sentí que alguien se me acercaba más y más, inmediatamente recordé a mi abuelo Everaldo porque estaba desarmado, no traía "algo". De repente se me ocurrió tocar mi cintura y mi camisa como si tuviera un arma. Casi al mismo tiempo al mirar hacia atrás, para mi sorpresa, el hombre que se acercaba se detuvo y expresó: por favor, no, no saque el arma que yo no le estoy persiguiendo.

Mi respuesta inmediata fue: Pues siga su camino que yo no voy a sacar nada. Increíble, pero mi abuelo me protegía en ese momento.

Finalmente para terminar a esto le quiero llamar "Quietud y serenidad". Recuerdo que yo tendría 11 años o quizás menos, unos 10 y siempre me gustaba ir al campo con abuelo porque era para mí como una excursión.

Me llamaba mucho la atención todo ese mundo de las abejas al que se dedicaba: como hacia los cuadros, las cajas, el ahumador, la centrífuga, etc.

Un día me dijo: nieto, te voy a llevar, prepárate y me llevó a los Güiros donde tenía unas colmenitas debajo de unos árboles de Bien vestido. Recuerdo que era a la entrada de la Finca y ese día aprendí varias cosas como que a las cajas de las colmenas no se le puede dejar crecer la hierba cerca porque se le pueden subir las hormigas o bichos que le comen las crías y que para evitarlo abuelo le colocaba aceite quemado en las cuatro patas.

Lo más grato que recuerdo de este viaje fue que me hizo echar humo a las abejas para castrarlas y la mayor enseñanza que recibí para hacerlo fue que me dijo: debes estar "sereno y muy tranquilo" porque cuando tú estás sereno y tranquilo las abejas no sienten que tienes miedo y si te pican, serían solo alguna. Esto me quedó para siempre, porque también me explicó que cuando te enfrentas a un animal como una vaca, un buey, un perro, lo mejor para no tener problemas y no ser agredido es estar "tranquilo y muy sereno". Recuerdo además que aquel día hizo que me tendiera en el piso hasta que abrió la caja y comenzó a echar un poquito de humo, entonces ahí me llamó para que yo echara también, siempre diciéndome que estuviera sereno y tranquilo.

Siempre estaré agradecido de las enseñanzas de mi abuelo Everaldo, tengo muchas vivencias y anécdotas que contar. Lo recuerdo siempre con mucho amor.

Midsaly Fernández Pérez. 9ª nieta.

Postal de felicitación por el "Nuevo milenio".

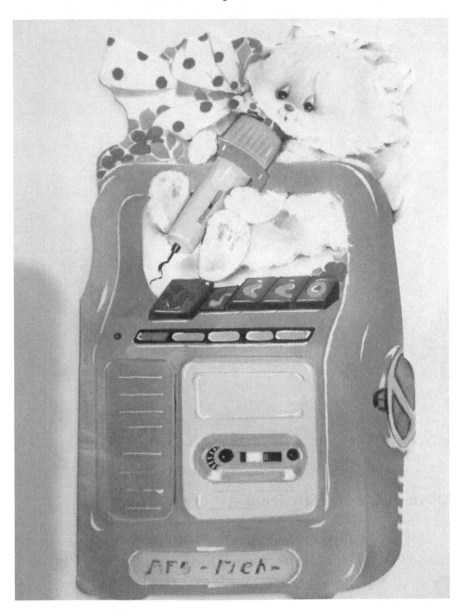

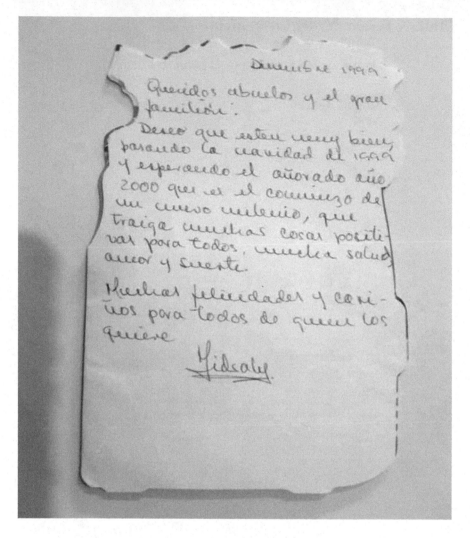

Olivia Hernández Fernández, 11ª nieta.

Mi abuelo Everaldo está entre las personas más dignas que he conocido. La vida que le tocó vivir no fue fácil ni justa, pero él la encaró con mucho valor. Una persona llena de defectos y virtudes, como todos los mortales, que generó un gran impacto en mi vida. Siempre está presente. Todo 1º de Abril, recuerdo es su cumpleaños, por más que hace 10 años no comparte el mismo plano terrestre conmigo.

Lo recuerdo como un hombre de carácter fuerte y cuerpo de mármol, cabellos negros con algunas pinceladas blancas. Los dedos de sus manos eran como pinzas de tan fuertes que eran. Un pellizco de Everaldo no era de olvidarse. La imagen de él entrando con su bicicleta por la puerta de su casa en Santa Catalina antes del horario de almuerzo, llamando: -¡Señora!-, mi abuela Estela, es recurrente. Comúnmente usaba un pantalón azul y una camisa clara desabotonada. Cuba es un país caliente. Dormir en su casa significaba despertar muy temprano porque él sintonizaba Radio Martí desde temprano y a un volumen muy alto, no había como dormir por la mañana. Desde que tuve uso de razón, lo veía tomando agua, jugos y café con leche en un jarrito de aluminio.

Un hombre serio y al mismo tiempo lleno de bromas. En una de mis vacaciones en su casa, me enseñó a tomar "sopita de agua" en el plato que ya había almorzado y que aún conservaba algunos restos de comida, jajaja. Regresé a mi casa con esa nueva costumbre, así que terminaba de almorzar, ponía un poco de agua en el plato, removía y tomaba con una cuchara como mi abuelo me había enseñado. En mi inocencia infantil creí que era algo normal del comportamiento del adulto. Mi mamá tuvo que explicarme que era una broma de mi abuelo.

Era muy significativo cuando pasaba mis vacaciones en la casa de mis abuelos y él hablaba, hablaba, hablaba. Me quedaba sentada escuchando, mi abuelo, en algunos momentos y preguntaba: -"tú te das cuenta cómo es?"- Él no esperaba una respuesta, era una muletilla. Esas conversaciones reviraban mi cabeza, todo lo que él hablaba con lo que escuchaba en la escuela y en la calle. Él fue un ejemplo de cuán importante es tener opiniones propias, de analizar los hechos y no ser parte del efecto manada, aunque eso nos ponga en una posición incómoda.

Mi abuelo fue contra la corriente de la sociedad en que vivía y eso en la Cuba post revolución tiene un impacto. Defendió sus ideas, su manera de pensar y su familia. Eso tuvo un precio. Eso es admirable.

Samuel Fernández Artiles, 12º nieto.

Corría un año que no me acuerdo y un mes que me acuerdo menos, cuando fue de visita a Cuba mi primo Jesusito. Resultaba interesante porque era la primera vez que iba a Cuba luego de haberse ido a los EE.UU. Durante esa visita tuvimos la oportunidad de presenciar él y yo, un encuentro que resultó esclarecedor para unos, curioso para otros, didáctico y ejemplar si se quiere, según el grado de sensibilidad y proteína mental de cada cual. Precisamente por el detalle de ser una experiencia compartida, la cual por ende tiene testigos y que además aglutina personas e historias de tiempos pasados y presentes en mismo espacio, es que decido tomar este modesto momento para compartirlo en este empeño familiar de dar vida a esas memorias, en las que nuestro abuelo tuvo papel protagónico, secundario quizás, acaso solo presente, pero que a la larga sirven para conocerlo mejor, conocernos mejor, y más allá de todo, recordar.

Por allá por los años en que Everaldo, el abuelo, era un joven sediento de éxito, fuerte física y mentalmente, alegre y bien parecido, había también un señor, ya no tan joven, pero que sospecho que en sus años mozos compartía sino estas mismas características, algunas parecidas. Para nada quiero decir con esto que se parecieran, pero si insinúo que pudo haber advertido estas características en Everaldo, el abuelo, y esto a su vez haberlo llevado o tomar ciertas acciones.

Resulta que este señor se dedicaba al negocio de la distribución y comercialización de combustible, misma rama en la que Everaldo, el abuelo, comenzaba a despuntar y en la que demostraría sus capacidades más adelante. Resultaba así, un digno competidor, que cualquiera desearía evitar, tenerlo de aliado, lo cual vendría a ser muchísimo mejor. Todo esto porqué lo digo, aunque nadie me lo ha dicho a mi. Bueno pues porque casualmente, con la hija de este señor se comprometería en matrimonio el abuelo, Everaldo, tiempo después. Por cierto este señor era, Eliseo Prieto, digamos que uno de los magnates del combustible en el área de Las Villas. Y con este detalle da inicio, la parte curiosa y peliculera de esta historia, si porque bien que de una película pudiése ser una escena, o varias.

Pues si, Everaldo, el abuelo, estaba comprometido en matrimonio con la hija de Eliseo Prieto, de la cual no se ni su nombre. Pero si sé que era prudente, ¿por qué lo sé?, ah pues porque, tengo entendido, que ya con boda planificada, detalles ultimados y pagados, cosa que para la época no era sencilla, decidió serle sincera al abuelo, Everaldo, acerca de algo que realmente no se que fue, y lo que me han dicho no sabría si compartirlo aquí, quizás si se verificara la información. Lo cierto es que ese detalle puso fin a la boda y todo plan vinculado a ella de manera abrupta, generando así una creciente fricción entre las partes.

Esta discrepancia al parecer fue escalando y tuvo su punto álgido el día en que los hermanos de la muchacha, decidieron, expresar, quizás insolentemente donde quiera que se paraban, que le iban a pasar la cuenta a Everaldo, el abuelo, pues a su entender este había irrespetado y puesto en ridículo a su hermana. Cosa que carecía de veracidad y sustento. Lo cierto es que una de estas brabuconadas fue lanzada en una bodega o fonda o bar, no sabría excactamente como describirlo, donde solían acudir, entre muchas otras personas, los choferes empleados de Everaldo, el abuelo. Sí, porque para ese entonces ya poseía varios camiones, con sus respectivos choferes repartidores. Para sorpresa de varios, entra Everaldo, el abuelo, en aquella fonda o bodega, y no faltó el "solidario", que decidió transmitirle al abuelo, Everaldo, el sentir de los muchachos, hermanos de la ex novia e hijos de Eliseo. Y este al parecer decidió que ya si la cuestión era esa, pues había que complacerlos, darles la oportunidad de realizar su sueño, o quizás hacerles ver que tenían que despertarse de eso que voluntariamente estaban soñando, que bien era una pesadilla y no lo sabían.

En aquel lugar como ya he mencionado, solían acudir algunos de los choferes, y este día no fue la excepción. Se encontraba allí, un muchacho, de apellido Camacho, que casualmente vivía en un barrio del mismo nombre, Camacho, y digo casualmente, porque no debía este barrio su nombre a la alcurnia o la influencia de la familia de la que provenía Camacho, el chofer, ya que este era de modestos recursos y más adelante sabrán porqué lo sé yo.

Una vez advertido Everaldo, el abuelo, de lo que pretendían hacer con su vida, supuestamente, le quitó las llaves del camión a Camacho e imagino la habría dicho: monta ahí, que vamos a un mandadito. Pues parte del chisme proporcionado, incluía que alguien les había comentado a los hermanos que Everaldo andaba para la zona de Manicaragua y que para allá habían ido a su encuentro. Así también se dispuso el abuelo Everaldo y para Manicaragua salió, en el camión acompañado de Camacho. Manicaragua es una área que se encuentra en lo que vendría a ser la base del Escambray, región montañosa del centro del país, por lo que la carretera que conduce a este pueblo, tiene las curvas que cualquier chica desearía tener y más. Así como pendiente pronunciadas en ascenso y descenso. Precisamente en una de estas curvas, desde la cual se divisa la carretera a lo lejos, gracias a las mismas curvas y las elevaciones, se percató el abuelo, Everaldo, de que el auto que se dirigía hacia él, era precisamente el de los hermanos, que regresaban de su frustrado intento de encontrarlo. Contaba al parecer, por la distancia, con el suficiente tiempo para ubicar el camión de una manera y en una parte específica de la carretera que les impedía a los hermanos poder pasar, porque eso fue lo que hizo.

Una vez estuvo cerca el auto de los hermanos y para sorpresa de todos incluso de Camacho, Everaldo, el abuelo, sacó su revolver, y comenzó a disparar, las 6 balas, algo así como: 1-no 2-co 3-man 4-más 5-mier 6-da. Todo parece indicar que según se vaciaba la pistola y se dilataba el cañón de la misma por el calor, de igual manera lo hacían los instestinos y el esfínter de estos personajes, incluido los de Camacho, pues a la llegada del silencio sepulcral que sigue al ruido de 6 disparos, de los hermanos y de Camacho solo quedaba el recuerdo y la estela de mierda que habían dejado. Se habían desaparecido todos, los hermanos no se sabe si llegaron a Manicaragua o a Topes de Collantes, y Camacho no se sabe como regresó a Santa Clara. Todos abandonaron deshonrosamente sus puestos de combate, dígase auto y camión respectivamente y no volvieron a aparecer.

En varias ocaciones escuché acerca de esta historia, sin detalles y entrecortada, donde en algún momento el abuelo, Everaldo, expresaba algún tipo de gratitud por el policía, o el juez, no sabría decir exactamente. Pues para él, esta persona había ignorado la prueba que los casquillos de las balas proporcionaban, una vez que los hermanos acusaron al abuelo, de quererlos matar, al parecer de guapos asesinos pasaron a víctimas arrepentidas.

Muchos años después, durante la mencionada visita de Jesusito a Cuba, Everaldo, el abuelo, le pide a Jesusito que lo lleve a un lugar que hacía tiempo él quería ir. Yo me encontraba en el lugar correcto en el momento justo y me pegué en la vuelta. Ese lugar era el barrio Camacho, donde vivía, si no había fallecido ya, Camacho, el otrora chofer. Luego de dar varias vueltas y preguntar a varias personas dimos con la casa de Camacho. Resultó un tanto difícil puesto que estaba muy deteriorada, con respecto al recuerdo que el abuelo tenía. También estaba dividida en varias partes, lo que hacía más complejo aún el identificar la vivienda. Al llegar y preguntar por el señor Camacho, salió una señora, su hija o sobrina quizás, y nos recibió atentamente aunque un tanto sorprendida y asustada. Camacho estaba vivo, muy mayor y deteriorado, aún así salió a recibirnos y en ese momento, el abuelo, Everaldo, lo saludó, y le preguntó si lo reconocía, si sabía quién era. Tal y como le había sucedido a la casa, la visión de Camacho y la voz del abuelo ya no eran las mismas.

Camacho estaba ciego, y ya la voz de Everaldo no era aquella ágil y limpia, que quizás dijera alguna vez: Monta ahí, que vamos a un mandadito. Con esta combinación se hacía imposible que Camacho reconociera al abuelo Everaldo. Recurrió inteligentemente el abuelo a compartirle una frase, que al parecer Camacho tenía claro, a pesar de su ceguera y sus años, que solo podía provenir de Everaldo. Acto seguido aquel señor comenzó a llorar como un niño, y le comentaba a sus familiares presentes frases como: -este es mi papá, cuando hasta donde sé, Everaldo, el abuelo, era más joven que él. -Él me compró ropa y botas cuando andaba casi descalzo, me enseñó a manejar y me dio trabajo, aunque yo no era bueno para eso. Y quizás otras que ahora no recuerdo-. Everaldo, ante esto, sonreía entre lágrimas, y le saltaba la panza con las carcajadas ante las cosas que decía Camacho, que además de gracia puede que hasta un poco de pena le hiciera sentir.

Luego de ese primer e intenso momento, conversaron un rato, y por algún motivo tocaron el tema del tiroteo con los hermanos. Camacho reconoció ser cobardón, y que cuando sintió el primer tiro se cagó y salió corriendo como si detrás de él vieniera un tsunami. A la vez que preguntaba: -¿cómo tú ibas a hacer eso, estabas loco, no te daba miedo?- A lo que el abuelo respondía: -sí claro, yo si tengo miedo, lo que pasa es que también tengo el antídoto contra el miedo, que es el valor. Y cuando hay que hacer algo, se hace, aunque de miedo-. En algún momento casi al final de la plática, Camacho menciona, que una vez regresó del infierno¨, recogió los casquillos que habían quedado en la carretera, en el espacio entre el camión y el auto de los hermanos. Fue en ese momento que abuelo Everaldo se percató de ciertas cosas, comprendió otras y entendió un poco el porqué se sucedieron los hechos como lo hicieron. Luego de ese rato, nos despedimos todos, ellos también, creo que sabiendo que sería la última vez que se verían.

Siempre me pregunté, por qué no hablaron de ese tema antes, o luego del suceso. Las personas de esa época eran distintas. Como distintas serán las versiones sobre esta historia, al menos 3 siempre hay: la de un bando, la del otro bando y la verdad. Yo por lo pronto, voy tirando con esta, que es la mía.

Everardo Daniel Fernández Contreras, 13º nieto.

Mi abuelo Everaldo Fernández fue como un segundo padre para mí, siempre interesado en mi educación y bienestar, constantemente enseñando y compartiendo sus conocimientos variados. Fue un hombre de carácter y moral admirable. A pesar de haber sufrido atropellos y abusos por el régimen de gobierno cubano apoyado por la mayoría del pueblo, con valor mantuvo su buen sentido del humor, su honor y su dignidad.

Cuando tuve uso de razón ya mi abuelo tenía más de sesenta años de edad. Aun así iba a trabajar al campo, tenía una energía inagotable y montaba su motocicleta Harley Davidson. Siempre que yo tenía la oportunidad me iba con él a dar una vuelta. En la moto por la circunvalación hasta la escuela de arte, sentado en la parrilla de hierro lo cual es difícil y puede ser doloroso, o dentro de la sesta de la bicicleta. Los paseos siempre eran narrados por abuelo.

Luego fui creciendo y me fui dando cuenta que las charlas y narraciones no eran solo para pasar el tiempo sino que había en ellas mucha información y sabiduría. Después de grande me di cuenta que cuando él decía "escucha nieto que esto no lo vas a aprender en la escuela" debí de haber prestado toda mi atención y de ser posible haber grabado o escrito la enseñanza y las referencias a libros importantes que ya él había leído y estudiado.

Una lección importante que daba abuelo era que "La dignidad nunca se pierde". La dignidad nadie nos la puede quitar, uno solo la rinde al cometer una inmoralidad. Acto seguido daba ejemplos para que no quedara duda.

Aprendí con mi abuelo la verdadera historia sobre la batalla de Santa Clara de primera mano porque él lo vivió. Fui con él hasta el almacén de combustibles frente al monumento al tren blindado para ver la falta de evidencia de una batalla. En el camino me contó que durante dicha batalla los médicos de un hospital cercano a la casa, donde estaba ingresado un amigo suyo, se fueron y dejaron a todos los pacientes desatendidos. Él en su máquina con un poco de combustible que pudo conseguir en medio de la supuesta batalla llevó al amigo enfermo a su casa para que su familia lo cuidara. Luego regresó al hospital y fue llevando o los demás pacientes a sus respectivas casas. Años después mi papá hablando sobre el tema me contó que cuando él era niño iba con abuelo en la máquina al campo y recogieron en un punto de recogida a una mujer la cual casi inmediatamente reconoció a abuelo y le agradeció porque ella fue una de las mujeres paridas que abuelo sacó de dicho hospital.

Abuelo me contó muchas veces lo duro que trabajó previo al desastre de 1959 para crear una empresa de distribución de combustibles, dar buen servicio a sus clientes y dar empleo a muchas personas. Por tener la audacia de ser emprendedor, los inmorales que deseaban recibir sin producir, por avaricia, ignorancia o miedo, lo llamaron Burgués de forma despectiva. Debido a sus experiencias desarrolló una serie de dichos pegajosos que repetía diariamente. Por ejemplo:

"el hombre te traiciona por envidia o por miedo"; "desconfía las 24 horas del día, no enseñes lo que tienes y a nadie le digas la verdad" entre otros.

Desde su juventud aprendió la importancia del conocimiento y la información. Por tanto diariamente leía libros prácticos, de historia, filosofía o teología y escuchaba noticias del extranjero por el radio. Con rareza veía televisión. Se leyó y estudió la Biblia y a menudo recitaba pasajes relevantes al momento. En mi estudio privado me he dado cuenta que no debemos culpar a Dios por las acciones de hombres ya que Dios nos ha dado a cada uno libre albedrío para hacer bien o mal. La clave está en aprender a discernir, ser capaz y estar dispuesto a no hacer el mal, a hacer lo apropiado y justo: tomar la decisión correcta aunque el camino sea o parezca más difícil que las alternativas. Así lo hizo mi abuelo Everaldo y su historia nos sirve de buen ejemplo a seguir.

Yo lo recuerdo asiduamente. A pesar que él no acostumbraba a decir te quiero o dar muchos besos y abrazos, como es la moda ahora, sus acciones siempre fueron evidencia de que amaba mucho su familia y quería lo mejor para todos.

Anelis Fernández Artiles. 17ª nieta.

Me considero afortunada porque tuve la dicha de conocer y disfrutar de todos mis abuelos, que sin duda, forman parte fundamental en la vida de un ser humano. Puedo hablar de todos con mucho cariño y buenos recuerdos, pero en este caso, este libro se refiere a la vida de uno de ellos, por lo cual escribiré mi propia experiencia con él. Conocí lo mejor de mi abuelo Everaldo, diría yo, su mejor versión. Cuando llegué a este mundo ya él era un hombre maduro, que en la vida enfrentó múltiples vicisitudes, lleno de buenas y malas experiencias, con muchos conocimientos adquiridos y puestos en práctica. Todo eso me llevó a conocer a un ser más sabio, paciente y comprensivo, incluso más que sus propios hijos.

Uno de mis primeros recuerdos con mi abuelo, era yo bien pequeñita, tendría 5 años, me montaba en el cajón gris que tenía en la parrilla de su bicicleta, para llevarme a de mi casa a la suya y en ocasiones, me fue a buscar al círculo infantil en ella, yo disfrutaba siempre ese pequeño viaje, me parecía que estaba en una carroza, me decía, aguántate bien nieta, jajaja. Así nos llamábamos todos nieta y nieto, yo creo que lo hacía porque éramos tantos que tenía miedo equivocarse con los nombres. Sinceramente, no recuerdo que me llamara por mi nombre alguna vez.

Le encantaba el chicharrón, lo sacaba del plato, lo ponía en la mesa y lo machucaba con el puño de su mano derecha. Lo inolvidable, sus largas charlas llenas de conocimiento y experiencias vividas, de las que no te salvaba nadie, tenías que escuchar, sí o sí, pero sin duda siempre aprendías, como no te quedaba opción, lo mejor era relajarse y escuchar la historia. Sabía de todo, era un gran lector, leía e interpretaba la Biblia como un hombre de fe y razonamiento lógico. Al momento de escribir estos recuerdos, hay muchos otros que vienen a mi mente y otros que guardo con celo para mí.

Creo que basándome en su vida en su conjunto y en cada etapa de ella por separado, interpreto que pudo dar lo mejor de sí, hacer lo que sabía y aprendía por sí mismo. Agradecida por todo lo que me aportó, poder conocerlo y disfrutar juntos las grandes cenas familiares. ¡Será por siempre mi abuelo Everaldo!

Déborath Sánchez Fernández. 18ª nieta.

Hace poco aprendí que los niños pequeños suelen recordar solamente los hechos que por una razón u otra los han impresionado, por ejemplo, una boda, un cumpleaños o el nacimiento de un hermano. Entre mis primeros recuerdos atesoro varias imágenes de mi abuelo Everaldo, es decir que, si he sido capaz de recordarlas, es probable que como niña su figura haya causado en mí una impresión profunda y duradera. Estos recuerdos me provocan una inmensa ternura, pues fue esa la parte de su personalidad que mi abuelo me mostró o la que como niña percibí. Es por lo tanto un placer compartir algunos recuerdos que atesoro del abuelo tierno y amoroso, el hombre ávido de saber y amante de la música, el anciano pícaro y juguetón.

Cuando todavía era muy pequeña, tres años tal vez, mi abuelo me llevó a ver su tocadiscos. Yo era una niña muy intranquila, era difícil seguirme el ritmo y mantenerme entretenida. No recuerdo qué estaba haciendo yo, pero él me llevó para su cuarto, me sentó al lado del tocadiscos y me dijo que tenía algo que enseñarme "abrimos aquí, ponemos esto por acá" y se hizo la música. No puedo decir qué era exactamente, pero sé que fue alguno de los discos de vinilo que todavía mi abuela conserva, algún concierto para violín o una sinfonía de Beethoven. Me quedé muy quieta escuchando, mi mente infantil quedó fascinada y esa fascinación me ha acompañado toda la vida. Este es uno de los recuerdos más gratos que tengo de él.

La miel y las abejas fueron temas recurrentes en mi niñez, desde luego, mi abuelo apicultor fue responsable de ello. Recuerdo que venían personas preguntando por el señor que vendía miel, las cajas de abejas amontonadas a la salida del comedor, el panal en el pasillo lateral, lugar prohibido y temido. Recuerdo las primeras picadas de abejas perdidas que venían por las noches a la luz, el traje de apicultor de abuelo y los panales llenitos de miel cuando los acababa de sacar, el tanque donde la almacenaba y el colador, la abeja reina que tenía en una jaulita. Sobre todo, recuerdo que cada vez que abuelo se ponía a colar y envasar la miel me decía "nieta, ve y busca una tacita" y me la llenaba de miel, para mí era una fiesta.

El patio era un lugar especial cuando era pequeña. Allí jugamos nuestros mejores juegos y encontramos los mejores tesoros. Yo me entretenía buscando cositas por toda la zona: pedacitos de vidrio, plumas, bolas de cristal viejas y otras misceláneas. Un día, iba yo en mi velocípedo por el patio y por casualidad vi en un huequito una cosita blanca. Me acerqué, la saqué con un dedo y me sorprendí cuando reconocí lo que era, una fichita de dominó en miniatura, el blanco-uno. ¿Quién haría un dominó tan chiquitico? ¿Cómo habría llegado allí? Fui a preguntarle a abuelo. "¡Deborita, la encontraste! ¿Cómo tú viste una cosa tan chiquita? Ven que te voy a enseñar de dónde es eso." Abrió la gaveta de su mesa de noche y sacó una cajita de marfil, era una cajita de dominó, llena de fichitas también de marfil, me dijo que se la había regalado alguien, un amigo tal vez. Ese fue mi mejor hallazgo en el patio.

A abuelo le encantaban los animales. Fue él quien se subió en el techo de los vecinos bajo la lluvia a buscar a mi gata Misa para salvarla de un envenenamiento. Cuidó al perrito Pinto por muchos años luego de que lo arrollara un carro y se le quedara la pata "de cloche", le

llevaba comida todos los días a su "casa en el tanque" y le hablaba con
cariño. Los gatos crecían muy fuertes y atléticos en mi casa, amarrados
a una pieza de hierro que pesaba sólo lo suficiente para que no salieran
del perímetro del patio ni hicieran estragos en la cocina, algunos se
fortalecieron al punto de poder subir por la mata de mango con hierro
incluido. Y por supuesto Alí, perrito resabioso y fiel, fue su último perro,
lo seguía a todas partes. Abuelo de daba mango y queso, que era lo que
le gustaba comer y de vez en cuando se entretenía mortificándolo con
una escoba.

Yo fui una de las "tantas nietas" que el médico le advirtió que no
tuviera cuando le dijo "Everaldo, no te incomodes que no te puedes
incomodar". Y como nieta ejercí el derecho a mimar a mi abuelo, junto
a mi hermana y mis primas, le enseñamos a dejarse besar y abrazar.
Abuelo tuvo una niñez difícil y no estaba acostumbrado a ese tipo de
acercamiento. Al principio le resultaba extraño que lo besuqueáramos,
pero nunca se negó y con el tiempo venía voluntario a recibir su "besito
en la calvita".

A sus 85, abuelo montaba bicicleta. Me llevó y trajo muchas veces al
círculo infantil dentro del "cajón" y algunas a la escuela primaria, aunque
para ese entonces ya no me cabían las piernas y las llevaba colgando.
Iba a la bodega todas las mañanas y regresaba siempre acalorado de sus
conversaciones con los viejos "arrastrapanzas y vividores" o por alguna
"lluvia de tetas", sólo la limonada fría que le preparaba su "vieja" lo
refrescaba después de tan animadas charlas.

Abuelo amaba la lectura. Todos los días, después de almorzar se
recostaba en su cama a leer, le encantaban los libros de historia. Tengo la
impresión de que quería, a través de la historia de la humanidad, entender
el porqué de los eventos que transformaron su vida y su país. Quería y
tal vez necesitaba entender la naturaleza de los seres humanos. Buscó
incansablemente respuestas a sus preguntas, en la historia, en la religión,
en la política. Desde luego, estos conocimientos debían compartirse,
necesitaba mostrar a los demás las conclusiones a las que llegaba. De
ahí las horas de conversaciones en las que abuelo relacionaba fragmentos
de sus vivencias con elementos de historia nacional y universal. A veces
resultaba difícil seguir el hilo de sus pensamientos y tenía que hacerle

preguntas, así supe de su infancia, su adolescencia, de cómo conquistó a abuela, de cómo empezó su negocio, de cómo lo perdió todo y se sobrepuso a la pérdida. Sus historias, crónicas, enseñanzas y consejos, dejaron una huella imborrable en mí.

Melissa Fernández. 19ª nieta.

Dignidad Humana. Cuando pienso en mi abuelo, trato de definir la dignidad humana. Muchos aspectos de su vida reflejan lo que encierra el concepto. Una visión a la que aspirar, no porque fuera un símbolo de perfección, sino porque demostró su perseverancia más de una vez ante las adversidades. Se lamió las heridas, se ató las correas de sus botas y dejó este mundo mejor de lo que lo encontró. Verás, no tengo muchos recuerdos físicos con mi abuelo. La vida no tenía ese plan para nosotros. En cambio, la vida me dio algo más grande.

Lo conocí no por el poco tiempo compartido, sino por la forma en que se iluminan los ojos de las personas que sí lo conocieron con profundidad cuando hablan de él. Podría escribir sobre las veces que fui a Cuba y lo vi dar conferencias a mis primos y corrí por los pasillos para que no me atrapara a mí. No solo porque yo era una niña que quería ir a jugar. Pero, sinceramente, porque estaba aterrorizada de que un hombre de su posición me hiciera una pregunta y yo me quedara en blanco.

Puedo decirles como este hombre de fuerte voluntad y fuerza se convertía en un niño pequeño cada Navidad cuando recibía de nosotros otro juguetico navideño para su colección. La verdad hoy, que no daría yo por la oportunidad de que este hombre me preguntara algo. Ves que el legado que dejó mi abuelo es de gran dignidad. Un hombre que conoció la traición, un hombre que el país que literalmente ayudó a construir se volvió en su propio enemigo. Un hombre cuya moral y principios estaban constantemente bajo ataque, a veces incluso por parte de aquellos en quienes confiaba. Un hombre que vio caer a sus amigos en manos de sus miedos y fracasos. Ves la dignidad en un mundo que pasaremos el resto de nuestras vidas defendiendo. De hecho, tal vez esa es la pregunta que tendría para él y tal vez unas siete horas más tarde finalmente me dejaría aportarle mi granito de arena. Ahí es donde le diría que creo que la dignidad es equivalente a nuestro legado.

Un legado tiene una connotación positiva. Implica que hemos hecho algo bien, no según los estándares del mundo, sino según las almas que hemos tocado a lo largo de nuestra vida. Por supuesto, sería ignorante al desconocer que algunos legados están manchados, leyendas de indignidades. Sin embargo, tomemos el legado de mi abuelo, un hombre que era un empresario por derecho propio, un hombre que vino de la nada, construyó todo con su propia sangre, sudor e incluso lágrimas, teniendo 13 barrigas por llenar.

La mayoría de la gente se derrumbaría, la mayoría de la gente hubiera hecho lo que corresponde a un ciudadano común. Pero el problema como dijo él es que, el que hace como todo el mundo cae en lo indigno. Sé que esas partes son feas, pero no se puede hablar de su dignidad o su legado sin reconocer las heridas que llevaba en su alma. Sin embargo, ese no es solo su legado. Su legado son los principios que dejó en las personas que amaba, las lecciones, las correcciones, lo feo y lo verdadero. Esas son las cosas que dejó en mí.

He tenido el privilegio de tener una madre y un padre que me han inculcado esos principios. Mi padre cada vez que se sentía traicionado, me recordaba que el mejor amigo que una persona tiene son $20 en un bolsillo y un cuchillo en el otro. Solía pensar qué dicho tan ridículo, y luego un día lo entendí. Tal vez esta es la segunda pregunta que le haría. Pero para mí el dicho representa mucho más de lo que parece.

A primera vista, parece que uno siempre debe prepararse para la decepción de otro y estar preparado para correr en la primera impresión. Pero no, hoy creo que significa, que nunca se sabe que puede venir y para eso está el cuchillo, "usar según sea necesario". Pero esos $ 20, representan tu creencia en la humanidad, es ese rayo de esperanza de que tal vez esta persona merezca tu tiempo y, si es necesario, usa esos $20 para echarte una mano, incluso si no puedes comer. Me pregunto cuál sería su interpretación sobre eso. Pero, independientemente de si tengo razón o no, el hecho de que pueda ver la vida de esa manera o encontrar ese significado demuestra que él hizo su trabajo, me dejó un legado y me obliga a reflexionar.

Mirar el mundo por su belleza, sin dejar de reconocer sus partes más feas. Desde pequeña edad supe que quería cambiar el mundo como él lo hizo. No cambió de plataforma, ni de presidente, que Dios sabe que pudo haberlo hecho, pero lo cambió en su día a día. Hizo todo lo posible para prestar los $ 20 si tenía que hacerlo, incluso sabiendo todo lo que sabía sobre la humanidad y su lucha por ser fiel a la dignidad. Bromeaba diciendo que las tres cosas más importantes en la vida eran ser tonto, egoísta y con buena salud, pero si falta lo primero eso sí es un problema.

Firme en sus caminos, fiel a sus principios, conocía a las personas prácticamente con mirarlas e incluso si no estaba de acuerdo y tenía que decirlo, aceptaba, por cuanto cada cual era libre de pensar y vivir su vida, mientras él continuaba con las suyas. Eso es humanidad, no ego. Gracias abuelo Everaldo por existir.

Alicia Talía Fernández Báez. 20ª nieta.

Mi experiencia con mi abuelo Everaldo fue de mucha cercanía, no solía llamarme por mi nombre, para él yo era "nieta". Recuerdo perfectamente ver como cumplía sus rutinas, se levantaba temprano, tomaba café con leche en su jarrito de aluminio, escuchando emisoras prohibidas en la radio. Luego iba en su bicicleta a la bodega a comprar "el arrastrao", que no era más que el pan de cada día, ese recorrido tan cercano podía demorar horas pues conocía a muchas personas y se detenía a hablar con ellas, al regreso el timbre era un "vieja", para que abuela Estela fuera a abrirle la puerta.

Siempre comíamos todos juntos y cuando comíamos no podía faltar esa botella de picante preparada por él mismo meticulosamente. Dormía la siesta y lo recuerdo leyendo mucho en las tardes, haciendo algún arreglo en la Harley Davidson que nunca le ví montar o viendo en la TV algún programa de noticias, Alí su perro siempre con él.

Para abuelo la vida no fue nada fácil, ahora que soy un poco mayor puedo empatizar y entender lo que me contaba. No existían conversaciones de 10 minutos, solía comenzar con un tema y terminar en otro, era una persona con un nivel de información altísimo y comprendía que en el fondo todo estaba conectado.

En su último cumpleaños, las nietas menores ya no hacíamos espectáculos como antes solíamos hacer en cada evento familiar, sin embargo en último momento preparábamos algún sketch de cómo era Everardo en su día a día, fue muy divertido, eso significaba abuelo para mí, una persona compleja y muy interesante a la que debía observar.

El momento más impactante, su muerte, ese día comprendí lo que representaba, junto con abuela eran la columna vertebral de nuestra familia, el origen de todas nuestras complejidades y también la salida.

Daniela Sánchez Fernández. 21ª nieta.

Tengo la dicha de haber crecido con mis cuatro abuelos, y de vivir con abuela Estela y abuelo Everaldo, que falleció cuando tenía 12 años, pero felizmente pude compartir mi infancia con él.

Cuando pienso en él, no logro separar recuerdos aislados, como vivíamos juntos lo veía todos los días, cuando llegaba de la escuela, y me iba para el patio, los fines de semana, los cumpleaños.

Recuerdo su rutina diaria, su voz, su risa. Se levantaba y después del baño, ponía el radio y desayunaba con él, le gustaba el yogurt, y el pan de corteza dura, y no lo cortaba en ruedas, lo hacía atravesado. Se afeitada en el patio todos los días, era presumido, siempre estaba limpio y arreglado, abuela le planchaba las camisas y los filos de los pantalones. Tenía su jarro de aluminio especial y su asiento en la mesa, y por supuesto ahí no se sentaba nadie.

Hablaba mucho, era el primero en sentarse a la mesa y el último en levantarse. A la hora de almuerzo siempre me hacía trucos, el primero era mover las orejas, creo que no he conocido a nadie más que pueda hacer eso, y el otro era con las manos, él tenía los dedos índice y anular iguales, exactamente del mismo largo, y jugaba conmigo a que era el mismo dedo que lo cambiaba de lugar alrededor del dedo del medio.

Yo me sentaba justo a su izquierda, y él se quedaba mirándome mientras comía sin que yo me diera cuenta, me ponía cosas delante y después se reía porque yo estaba tan concentrada con mi plato que no lo veía.

Tenía una botella en el refrigerador con un mojito picante que él mismo hacía y se lo echaba a la comida por arriba, le gustaba el yogurt de soya con arroz, y le fascinaba el mango.

A pesar de su edad, montaba bicicleta todos los días, iba a la bodega y siempre regresaba con algún relato, como la vez que le preguntó a una señora quién era Carlos Manuel de Céspedes y ella le respondió que era ''uno que cortaba caña''. A veces iba más lejos a hacerles la visita a mis abuelos paternos, que se reían mucho con sus ocurrencias; y abuela en casa miraba el reloj y pensaba donde estará, pero ella lo conocía bien, y el muchas veces volvía con algún detalle para ella, como helado.

Era muy fuerte para su edad. En Navidad, cuando había que abrir las nueces y avellanas lo hacía de un manotazo en la mesa. A veces jugando, nos agarraba por una mano y no había forma de zafarse, o mantenía el puño en el aire y no le temblaba el pulso. En la época de mangos, mi papá se subía en la mata a cogerlos y se los lanzaba a abuelo que esperaba con un saco aguantado con dos tablas, me acordé de él cuando me tocó hacerlo y de verdad que era un anciano fuerte.

Tenía un carácter fuerte, pero era cariñoso a su manera, y nos quería mucho, a todas las nietas, nos decía nieta tal cosa, y le dábamos besos en la calva y abrazos, aunque no era de mucho contacto físico le ablandamos el corazón. Hubo una época que me decía ''plato fuerte'' (porque siempre preguntaba lo mismo a la hora de comer) y a Alicita ''manteca'' (porque ella estaba gordita en ese tiempo), éramos manteca y plato fuerte. Pero por lo general me decía ''ay mamá'', y ''la nariz se te está pareciendo a la mía''.

Cuando había apagones por la noche nos íbamos para el portal y nos decía que tuviéramos cuidado con la negra Pancha que salía por la noche y tenía colmillos, yo nunca vi a la negra Pancha, pero en mi mente de niña le tenía miedo, no me fuera a morder con sus colmillos. Y por los mediodías no podíamos estar en el patio porque salía el hurón, que tampoco vi nunca, pero eran sus métodos para que estuviéramos tranquilas. Nosotras, niñas al fin, a veces queríamos comer frente al televisor, o íbamos a jugar en la bañadera, abuelo que no estaba de acuerdo lo resolvía con un refrán: ''la sala, para las visitas, el comedor, para comer, los cuartos, para dormir…'', y así, sin regañar, te daba a entender que estabas haciendo algo mal. A veces nos tenía horas con sus cuentos, nosotras queríamos irnos a jugar y abuela nos rescataba dándonos tareas.

Yo era joven para entender muchas cosas de las que hablaba, pero veía su frustración por todo lo que le habían arrebatado, y me enseñó a no confiar en "esta gente". Era muy inteligente, él siempre decía que era semi-analfabeto, pero también era autodidacta, tenía una curiosidad muy grande por todo, historia, ciencia, el mismo escogía un libro, lo leía, lo estudiaba, pasaba horas en su lado de la cama, leyendo con su lámpara; tenía la mesa de noche llena de libros y de tanto sentarse ahí el colchón tenía un hueco. Luego se sentaba en su sillón del comedor a hablar sobre lo que había leído con cualquiera que estuviese ahí, se aprendía oyéndolo hablar, cuando un tema lo apasionaba podía estar horas, días hablando sobre eso.

Una vez, ya estaba en la secundaria, cuando llegué de la escuela, me invitó a su cuarto y me buscó un libro de gramática española, y me dijo que le leyera El junco y el ciprés, una fábula, me hizo analizar verso por verso, cuál era el mensaje: Ser flexible como un junco y no tieso como un ciprés (yo ni sabía que era un ciprés). Esa tarde mi mamá me llamó por supuesto, era tarde y ya era hora de comer, pero la verdad que no quería irme, ese día en especial disfruté la charla, el gesto de que me dedicara un tiempo para instruirme.

Tenía su forma de educar, además de los libros, tenía refranes que él mismo creaba sobre sus vivencias, todos con una enseñanza y a la vez, cómicos. En su cumpleaños 85 Alicita y yo recopilamos las más famosas, como la de "Pelado montó en Peludo", "No es verdad ángel de amor", que figuran en este libro.

Le gustaban mucho los animales, llegamos a tener 3 perros: Alí, Pinto y negrito, y los gatos no duraban mucho, pero él mismo los traía en la bicicleta. Alí era su perro favorito, y mi abuelo era su vida. Alí siempre estaba detrás de él, se sentaba a su lado en la mesa y mi abuelo le daba comida, se ponía detrás de la puerta del cuarto, siempre vigilándolo, mi abuelo lo quería mucho, le daba mango, queso y hasta le pasaba la mano. También le gustaba molestarlo un poco, Alí tenía muy mal carácter y a veces cuando estaba amarrado abuelo se ponía detrás de una pared y con una escoba lo molestaba. A los gatos los amarraba a un grillete, y aunque parezca maltrato animal los gatos se ponían fuertes y lindos con el ejercicio. Tuvo un gallito que vivió hasta hace dos años.

Cuando íbamos a la playa, yo le dejaba el animalito que tuviese de turno, jicotea, la paloma que tuve, esa en especial le gustaba, hasta le hizo mejoras a la jaula. Abuelo también era apicultor, el panal estaba en el pasillo lateral, y él iba con su sombrero y su ahumador, incluso años después de cuando dejó de vender miel iban personas a la casa buscando.

También tenía la cabeza dura, recuerdo un aguacero que el salió, bajo protesta de todos, con una toalla en la cabeza a recoger mangos en el patio, creo que esa vez le dio la parálisis facial. A pesar de todo el trabajo que pasó durante su vida, puedo decir que tuvo una vejez tranquila, feliz y activa, él ejercitaba su cuerpo con la bicicleta, y su mente con los libros, y criticaba a "los viejos que se pasan el día sentados en la acera sin hacer nada, oyendo chismes, van a coger almorranas".

No le gustaba el chisme, ni hablar de los demás, no tengo un recuerdo de él hablando de ninguno de sus hijos o nietos a sus espaldas, si tenía algo que decir lo hacía de frente. Lo que me recuerda un encontronazo que tuvo con Lidia la señora del frente que todos sabemos cómo era, un día estaba hablando con mi papá en la entrada y Lidia desde su casa queriendo meterse en la conversación, hasta que se cansó y le dijo "métase en lo suyo, vieja cartuja". Tenía un ojo clínico que no fallaba. Si algo le incomodaba te lo decía, porque el medico me dijo: "Everaldo no te incomodes, que no te puedes incomodar".

Abuelo era un amante de la buena música, por la noche se sentaba en el televisor y si ponían alguna orquesta se quedaba embelesado, Pavarotti le encantaba y la ópera. Cuando comencé a estudiar música me llamaba al televisor cada vez que veía un contrabajo, un bajo eléctrico o un baby bass y me decía mira ese que raro, y hacía unos sonidos imitando el bajo.

En la casa nunca se pasa por alto una fecha, cumpleaños, aniversarios, la navidad y el fin de año. Pero la más especial siempre fue la Navidad, la comida del 24, que además es el cumpleaños de tío David; hubo una, yo tendría 7 u 8 años, que mi mamá decía que había una sorpresa y la sorpresa fue que salió abuelo de su cuarto disfrazado de Santa Claus con una jaba llena de chucherías, fue especial, y más después cuando me di cuenta el calor que daba el traje de Santa y la barba y el gesto de que él lo hiciera por vernos felices. Su juguete de navidad favorito era Santa Claus manejando una Harley Davidson, como se reía con eso, cuando se reía la barriguita le saltaba.

No tengo un relato largo sobre abuelo, no heredé su don de la palabra y su arte para contar historias. Pero si puedo decir que lo recuerdo con mucho cariño, que no olvido sus enseñanzas y que agradezco la gran familia que él y abuela formaron con tanto amor y sacrificio, no he conocido otra igual.

Elizabeth Fernández Oliva, 23ª nieta.

Como empezar, no sé qué decir, tampoco recuerdos, pocos !Ah! pero si me preguntan ¿quién era Everaldo para mí, Ahí, ahí, sí. Primero era mi abuelo, el padre de mi padre, el hombre que de una forma u otra creó esta familia junto a abuela Estela, un pilar fundamental en esta historia, que se puede afirmar que gracias a ellos, la familia Fernández Pérez de Alejo salió adelante y cada uno a su manera con su forma de ser, pero con los mismos valores, sentimientos, unidad y con el lema de la familia ante todo.

Yo desde lo personal, Elizabeth Fernández orgullosa de llevar ese apellido, hija del hijo número 9, David, que por desgracia he sido una de las nietas más pequeñas, que no tuve el privilegio de convivir mucho tiempo de vida con un gran abuelo como el mío, un hombre honesto, sincero, sin máscaras, solidario, compañero, buen padre, buen esposo y sobre todo un ejemplo a seguir de generación en generación. Ya que era tan pequeña para reproducir relatos contados por mis familiares, como que siempre decía a mis padres que yo era una niña muy madura para mi edad y que tenía 4 años por encima, también decía que esa niña o sea yo iba a llegar lejos, aún no sé si lo logre, pero solo para honrar sus palabras lo voy a intentar.

Mi abuelo era un hombre de muchas reflexiones y muchos dichos, en particular hay uno que a diario se usa en la familia y del que nunca me olvidaré que es (desconfía las 24 horas, no enseñes lo que tienes y nunca digas la verdad). Se puede decir que el único recuerdo que tengo es del último cumpleaños del abuelo, el número 85, un cumple peculiar pero muy bonito donde se reflejó la unidad de la familia y el amor hacia el abuelo, un cumple por todo lo alto, con comida, muchos miembros de la familia y con música que no podía faltar, cuando de repente va cayendo la noche y las nietas habían hecho todo un espectáculo para el abuelo cuando de repente oscuridad total, se fue la electricidad, pero como la gran familia que somos entre linternas y linternas se continuó el cumpleaños con todas las ganas, pues sin imaginar que sería el último cumple del abuelo.

Hay muchas cosas que aún no sé, otras que sí y otras que tendré conocimiento a través de este libro, pero de lo que si estoy segura, es que me siento súper orgullosa del abuelo que tuve y que aún tengo porque su educación, sus enseñanzas, sus reflexiones y su ideal siguen vigentes en nuestra familia hasta los días de hoy y seguirá. Súper agradecida con los logros de esta familia, con las semillas sembradas por Everaldo y Estela, de que esta historia de vida pase de generación en generación, o mejor dicho: "de bloque en bloque", al decir de mi tía Gudelia y que mis hijos conozcan un poco más de la vida de su bisabuelo. Gracias Everaldo Fernández, gracias abuelo, gracias familia.

Recuerdos memorables de las nueras y yernos.

Consuelo Contreras Díaz de Villegas. Nuera.

Conocí a Everaldo a inicios de 1982, al inicio de mi relación amorosa con Everaldo Fernández hijo número 10, siempre fui bien recibida en su hogar. Fue la primera persona que me habló de la Revolución y sus líderes, todo lo que no escuchaba ni por la radio ni la TV. No tuve amigos ni parientes que me hablaran así como Everaldo, mucho menos con los detalles que el ofrecía para tratar de que conociera todo lo que estaba pasando y lo que había ocurrido, por ejemplo con el Tren Blindado en Santa Clara y su participación en los hechos, donde él recogió personas, las ayudó. Una de las acciones que más recordaba fue que en medio de toda la revoltura, tuvo que transportar a una mujer que estaba de parto, para lo cual se auxilió de su auto al cual le colocó una sábana blanca con una cruz roja a manera de bandera de la Cruz Roja, que aún se conserva en su hogar.

Expresaba que en realidad el tren fue entregado a los insurrectos (rebeldes) prácticamente sin combatir. El recordaba eso con frecuencia, lo traía a colación casi cada vez que visitaba su casa. Al principio yo rechazaba todo eso, pues yo estaba como casi todo el pueblo de Cuba imbuida en la versión oficial de las autoridades de la Revolución sobre todo lo que iba a cambiar, todo lo que iba a mejorar, sin embargo el pensaba diferente y con el tiempo sus pronósticos sobre la situación cubana se fueron haciendo realidad. Casi todo lo que nos decían oficialmente era mentira.

Además también me hablaba de religión, de la Biblia, yo siempre lo escuchaba con mucha atención, ante todo porque era una persona que emanaba mucho respeto. Yo me sentaba a la mesa y el de inmediato se sentaba a mi lado y me soltaba el denominado "tema del día"; yo siempre lo escuchaba porque además él hablaba muy bien.

En 1987 me hicieron una cesárea para el nacimiento de mi hijo y ellos me acogieron en su casa, él, su esposa Estela, Magalys, la menor de mis cuñadas, que eran los que vivían en la casa en ese momento. Everaldo en ese tiempo iba al campo, pues cultivaba la tierra de una pequeña finca familiar, porque él tuvo diferentes etapas incluyendo de carácter. Cuando lo conocí estaba muy fuerte, muy activo, muy agresivo. Salía a la calle y regresaba con los cuentos de lo que conversaba muy exaltado. Posteriormente fue cambiando algo en cuanto al tono de las expresiones, siempre con sus ideas pero algo más calmado.

Él cuando regresaba del campo, donde cultivaban todo lo que podían, maíz, frijoles, frutas entre otros, nunca permitió que tumbaran ningún árbol frutal, yo estaba allá con mi hijo pequeño y siempre tenía alguna fruta "para la parida". En esos momentos él recordaba muchos pasajes de su vida. Era una persona muy especial con todos y conmigo en específico. Sabía que yo era huérfana y él, que también lo era, de padre, tenía atenciones conmigo que yo, hasta el día de hoy agradezco. A veces yo cometía errores, por ejemplo pelando yucas no lo hacía bien o le quitaba las semillas a los tomates, comentaba a su esposa: -"Estela, quién le quitó las semillas a los tomates"-, sabía que había sido yo pero era incapaz de increparme por ello. Con mi hijo Everardo Daniel fue un abuelo muy especial. De Estela su esposa no voy a hablar, pues ella es la maravilla, el molde con que la fabricaron "se rompió", por tanto no se puede reproducir. Everardo tenía una sonrisa muy bonita en contraste con el fuerte carácter que tenía, especialmente al expresarse sobre temas políticos relacionados con la Revolución Cubana. Impactaba fuertemente con su voz, pero en los temas familiares era bien diferente, aunque no era blando al respecto. Sus hijos seguían su ejemplo en sentido general.

Mi esposo Everardo habla todos los días sobre la vida de su padre. Yo, hasta el día de hoy no he escuchado a otra persona que me hablase de la realidad cubana tan claramente como mi suegro y que sus predicciones se sigan cumpliendo hasta el momento actual, año 2022. El día de su cumpleaños 85 le tomé una gran cantidad de fotografías con las cuales hice un álbum que le envié a mi suegra Estela, que tengo entendido que ella las revisa regularmente como una forma de recordarlo. Lo fotografié en actos normales de vida, leyendo, sujetándose los espejuelos con su manera característica.

Contaba con su Estela para todo y de diversas maneras reflejaba su amor por ella. Fue, en resumen, un hombre excepcional.

Tania Báez Fariñas. Nuera

Tengo miles de recuerdos, desde el 1er día que yo joven visité su casa, la de Everaldo Caridad Fernández Pantaleón siendo la esposa de su hijo Emilio y fue tal su alegría, nunca lo olvidaré me dijo así: la muchachita de los Báez, me comentó que desde niña me veía y se decía para sí, esa será mi nuera y así fue. Es increíble las muchas cosas vividas juntos y como buena familia a la hora de comer nunca olvidaré, su sopita de agua, creo que cada uno de sus hijos, nietos y nueras la saboreábamos junto con él.

Hoy dedico estas pequeñas líneas a una persona muy especial en vida y digo especial porque él a su modo me enseñó, ya yo con 23 años lo bueno y lo malo de la vida, sin rodeos, para él no había términos medios o era negro o era blanco, no tenía matices, hoy en cada cosa que enfrento y hago me percato de cuanta verdad y sabiduría tenía para enseñarme.

Para mi Everaldo era un padre y así lo llevo en mi corazón sin matices ni dibujos como él me enseñó en el tiempo que vivimos juntos. Que no estuvimos de acuerdo en mucho, sí. Fue mi confidente en momentos de dolor y yo su enfermera y cuidadora en sus momentos difíciles. Cuando pienso en esos momentos me doy cuenta de que formé parte de su familia y que con desacuerdos aun confiaba en mí. Yo siempre lo tendré en mi corazón muy guardado y tengo días que pienso tanto en él, hay algo que no puedo dejar de mencionar, en mi cumpleaños el último para él fue a verme a casa de mi mamá, me llevaba un regalo y un libro de sentimientos que solo se llevan en el corazón. Ese día me dijo cosas tan lindas, que nunca pensé que me las diría, solo por su forma tan fuerte de ser. Después de ese día vine para La Habana y nunca pensé que no lo volvería a ver, era como si se estuviera despidiéndose de mí. Lo que experimento al escribir estas líneas es de infinito amor y comprensión, solo se siente por alguien que se quiere mucho. Siempre digo y diré Estela y Everaldo fueron mis segundos padres.

Caridad Oliva Gómez. Nuera.

Yo, Caridad Oliva, esposa del hijo número 9, David, nuera de Everaldo, mi suegro, señor admirable, consejero, respetuoso, generoso, gran lector, realista, conocedor de la verdad, es decir, que era esposo y padre celoso, una de sus grandes virtudes era su inteligencia natural, enciclopedia viviente. Uno de sus logros es el hecho de haber criado un gran número de hijos con buenos valores, sentimientos y educación.

Le agradezco por parte de mi hijo, al cual acogió como un nieto más, educándole y enseñándole buenos valores.

Una de las vivencias con mi suegro que más me marcó, fue la de un día que me visitaron un buen número de miembros de la familia y todos se marcharon a la finca de los Fernández, menos mi suegro que se quedó en mi casa conmigo y me dijo: -vamos a la casa de tu familia a ver a tu abuelo y a tus padres-, y a continuación expresó la siguiente frase: -vamos, que a la casa del pobre nadie va-.

Iván de Jesús Hernandez López. Yerno.

Soy el esposo de la cuarta hija de Everaldo y Estela, Gudelia, con la cual llevo casado 46 años. Conocí a Everaldo en el verano de 1976, cuando Gudelia y yo éramos novios, durante nuestro primer viaje de vacaciones estudiantiles a Cuba, ya que estudiábamos en la entonces Unión Soviética; entonces pensaba que su nombre era Everardo, lo de la *ele* en el nombre lo supe algunos años después, como muchos, durante trámites judiciales que se desarrollaban en aquellos años.

Fui de los primeros yernos y quizá uno de los que menos los frecuentaba, pues vivíamos en La Habana, pero al menos en 2 ocasiones al año viajábamos a Santa Clara, quiere decir que cada año pasábamos contando como promedio 2 viajes anuales, en total, un mes con ellos, además de conversar telefónicamente todos los meses, quiero con ello expresar que estuvimos y estamos, en el caso de Estela actualmente, en comunicación constante.

Tuvimos diferencias en algunas visiones de vida, pero siempre pude apreciar en él sus valores personales en la formación de su familia y como de su particular manera disfrutaba los éxitos en la vida de sus hijos, de la misma manera sufría sus dolores y fracasos.

Recuerdo varias vivencias con él, citaré una de las primeras, puedo decir que en 1977, menos de dos meses de habernos casado Gudelia y yo, falleció repentinamente mi madre en La Habana y yo viajé a Cuba 15 días después del hecho. Luego de conocer de primera mano lo sucedido en mi casa, viajé a Santa Clara a verlos, viajé solo, pues Gudelia estaba aún en Moscú. Antes de regresar a La Habana, Everaldo me preguntó que otros problemas tenía además, le respondí que aparte de la pérdida de mi madre, ninguno, lo cual era incierto, ya que era estudiante y estaba muy ajustado económicamente hablando. No obstante antes de salir me entregó dinero, diciéndome que me iba a ser de utilidad y no quería escuchar un rechazo a ello de mi parte, pues eso no era una solución, pero sí una ayuda. Me llamo la atención de que entonces yo era bastante desconocido para él y me estaba ayudando como lo haría con sus propios hijos, aprecié mucho su gesto y eso nunca lo he olvidado.

Everaldo era una persona como la mayoría de todos los seres humanos, virtudes y defectos de la mano, en su caso las primeras superaban a las segundas notoriamente. Era un gran conversador, aunque para ser justos era monologuista. Con el tiempo esa característica suya se reforzó, aunque sus puntos de vista seguían una lógica muy coherente con sus experiencias de vida, que fueron muchas y yo diría muy duras, que lo pusieron a prueba durante toda su vida, pruebas que siempre pasó satisfactoriamente. Nunca puso sus intereses y preferencias personales por encima de los de sus hijos y esposa, fue capaz de sacrificar completamente su futuro, para apoyar la formación de sus hijos, independientemente de la forma de pensar de cada quien, esto último influyó notablemente en una disyuntiva que se me presentó algunos años después y tuve que decidir al respecto. Everaldo nunca impuso criterios ni ideas a ninguno de sus hijos, ni les inculcó el odio ciego a nada en este mundo; los resultados de ello tuvieron incidencia en las actitudes ante la vida de los mismos, donde las capacidades y personalidad de cada uno de ellos dieron el toque final.

Por esas y otras muchas situaciones presentadas a lo largo de su vida, donde siempre respondió debidamente, lo recuerdo con mucho cariño y respeto. Sus frases típicas aún las recuerdo en su voz, así como algunos de sus pronósticos sobre la vida y sociedad cubanas.

Así recuerdo y recordaré siempre a mi suegro Everaldo Caridad Fernández Pantaleón.

Miguel Sánchez Ruiz. Yerno.

De los 23 años de vida que conocí a mi suegro Everaldo y de los cuales 19 años conviví con él y mi suegra Estela en su hogar, han sido para mí, años llenos de vivencias y acontecimientos felices algunos, otros no tanto, pero puedo asegurar que fue un segundo padre, con el que aprendí virtudes, cualidades y hasta mi lenguaje fue influenciado por su excepcional ejemplo, sus cualidades humanas no perfectas, pero si dignas de imitar, ya que confieso, sembró en mi cual maestro de vida, principios que en mi hogar de origen no eran conocidos.

De las tantas anécdotas felices y que me causaron admiración, recuerdo una visita que le hicimos a un antiguo empleado suyo que estaba enfermo de la vista, su apellido era Camacho y en sus historias de antaño, ese señor fue sacado casi de la miseria por mi suegro, que le ayudó, le dio trabajo, lo enseñó a manejar y hasta ropa le compró para que pudiera trabajar. Yo me entero de su existencia por pura casualidad, ya que al lado de donde vivía ese señor, hice un trabajo de plomería en el portal y el señor Camacho estaba sentado en el portal de su vivienda, convaleciente de una operación de cataratas, escuché a su hija llamarlo por su nombre, que creo era Celeste Camacho y me dije, este tiene que ser el que trabajó con Everaldo. Cuando regresé a la casa esa tarde, le cuento a Everaldo, que me respondió: "sí, ese es Camacho".

Al siguiente día, me dijo, vamos, llévame a ver al hombre y hasta allá fuimos en bicicleta, cuando llegamos allí estaba el señor sentado con sus espejuelos oscuros y Everaldo me dijo: "déjame hablar a mí", saludó y preguntó si él no sabía dónde vivía Camacho en esa cuadra, el hombre le respondió que era él y que quién lo buscaba, cuando Everaldo que era él, aquello hubiera sido digno de grabar, se quitó las gafas, se paró del asiento, lo miró detenidamente y la expresión del rostro se transformó, comenzó a llorar y a llamar a su hija, tal parecía que había visto a su padre delante de él, en ese momento Everaldo también se emocionó un poco, pero con su agudo sentido del humor calmó al anciano y se estableció un diálogo tan familiar y con tanto sentido de la verdadera amistad y fraternidad humana que nunca olvidaré esa tarde, así como la enseñanza que recibí, esa lección de la vida, que como él decía: "no se enseña en la universidad".

También tengo en mi memoria muchos momentos gratos en su inolvidable compañía, en el campo aprendí muchas cosas prácticas sobre el manejo de las abejas y a pesar de los aguijonazos, llegamos a realizar varios traslados de colmenas y hasta un extractor de miel construimos entre los dos, que aún se conserva.

Puedo asegurar que mi suegro y mi suegra han tenido un gran papel en mi vida y creo que en todos los que hemos tenido la suerte única de contar en nuestras vidas con su presencia, su ejemplo y su amor infinito.

Recuerdos memorables de amistades.

Ibrahím García Machado.

Everaldo fue mi amigo y quiero decir muchas cosas sobre él. Lo que está sucediendo hoy aquí en Cuba no me sorprende, pues ya yo lo sabía por él, que me lo decía. Yo me sentaba con él en el portal a escucharlo y no podía levantarme y dejar de prestar atención a sus palabras, era realidad todo lo que él me hablaba.

Everaldo me ayudó mucho en todo, el primer carro que yo tuve él me lo vendió en 500 pesos, que es mucho decir, una ganga. Después me lo atendía él, me lo arreglaba también. Él no miraba a los lados cuando había que ayudar a las personas que lo necesitaban, era una persona muy humana y servicial en todo, eso hay que decirlo así. Jamás se me olvidará el día que me quedé botado con el carro roto en un campo de caña, adonde había viajado para recoger cogollos para mis animales dada la sequía que había en ese tiempo en mi finca; no me cobró nada por ir a mi rescate al central Macagua, al final del día yo estaba muy cansado, él llega y me dice: no sé cómo se te ocurre romper este carro aquí Ibrahím en un lugar así. No me quedó otra que reírme, tú sabes lo que es decirme: -¿Cómo se te ocurre quitarle la sombra a los muertos?- tuve que reírme, es que Everaldo era una persona muy ocurrente y siempre te salía con una de sus cosas.

Tenía mucha visión de vida y del futuro del país, él hablaba y demostraba lo que sabía y yo no podía ni quería abandonar ese portal y dejarlo con la palabra en la boca, no tenía argumentos para contrarrestar los suyos, él sí sabía, yo no, me enseñó todo lo que sucedía y lo que está sucediendo hoy, era una gente muy inteligente, eso se lo dije yo a un Capitán de la Seguridad del Estado, que era como mi hermano, pues nos criamos juntos ordeñando vacas y vendiendo leche en el campo a 5 centavos el litro en un carretón de caballos. Él se alzó y llegó hasta capitán, era mi hermano de crianza. Cuando Everaldo fue detenido, mi amigo estaba en Seguridad del Estado G-2, en aquel tiempo, un capitán en la seguridad era como un comandante hoy. Fui a verlo y le dije, ni siquiera lo llamé como capitán: - Mira Manuel, ese que ustedes tienen ahí es como un hermano mío, por favor es una persona seria y de su familia, ayúdame con eso.- Manuel me respondió: -Él no tiene problemas, estará unos días aquí solamente, lo que sí recomiéndale que no debe hablar tanto, de todas formas, él no va a resolver nada con eso. Le respondi: -mira él habla, pero es realidad todo lo que dice, puede ser que hable pero es una persona seria y de mucha visión. Lo que es una realidad, es que él habla conmigo, pero a veces habla en algunos lugares donde hay personas que luego lo delatan-. Posteriormente ya liberado, le dije a Everaldo que no se podía hablar en cualquier lugar y había que dejar que las cosas fueran pasando y la vida las iría de a poco, poniendo en su lugar, estás a veces hablando en la calle delante de gente que tú no sabes quienes son y entre esos hay bastantes chivatos para que hagan el pan contigo.

Yo conozco a Everaldo desde que tenía su negocio de combustible en una nave que construyó al lado de su casa, recuerdo una discusión con un hombre que ya murió, Roberto se llamaba, creo que el hombre lo estaba estafando y Everaldo se puso violento en un momento de la discusión, yo intervine para calmarlo. Everaldo era una persona algo explosiva y a veces había que controlarlo, pero luego de esos momentos era accesible y muy conversador.

En una ocasión se disgustó mucho y le gritó a su hijo Miguelito, que lo estaba ayudando en el taller de mecánica. Cuando pude y nunca delante de Miguelito, le dije que por favor, no lo requiriera de esa manera, que no le hacía bien a ninguno, me escuchó de una manera reflexiva.

Siempre me aconsejó que nunca abandonara a mis hijos, yo me separé de mi esposa, madre de mis hijos, pero nunca de ellos, es por ello que mis hijos hoy día se desviven tanto conmigo como con su madre. Los enseñamos a valerse por sí mismos y tratamos de garantizarle todo lo humanamente posible y razonable en esta vida, esos consejos se los agradezco a Everaldo.

Olga Gavilla Díaz.

Felicitaciones por cumpleaños.

> Everardo: 1/4/95.-
>
> La realidad cotidiana en que estamos inmersos nos ha llevado a descuidar estos pequeños detalles motivo de la propia razón de existencia del ser humano; por ello, esforzándome en rescatar mi personalidad dentro de un medio tan hostil, así como las tradiciones que durante años nos han mantenido unidos, le dedico especialmente hoy, este sencillo obsequio colmado del cariño y respeto que siempre le he profesado.
>
> Deseándole una convivencia plena de paz y amor, reciba mis Felicitaciones.

> Everardo:
>
> Para mí resulta muy agradable pensar en usted cada 1er de abril, y como símbolo de nuestra valiosa amistad, le ofrezco este presente, que aunque no es precisamente todo lo que deseneía, sí le puedo asegurar que lo he confeccionado con gran placer y mucho amor.
>
> Lo felicito de todo corazón,
>
> Un abrazo,
>
>   1/4/96.

Everardo:

Cuánto REGOCIJO SENTIMOS AL poderlo CONGRA-
TULAR, entRANdo A UNA NUEVA etapa, que GUARDA
También sus encantos y destellos de Felicidad
Hombre severo y sencillo, VALIENTE, CORTÉS y
eloCUENTE, pero su verdadera Amistad,
No se GANA Fácilmente.
Más CUANDO eso suceJe, lo hace de CORAZÓN,
dándonos pruebas Fehacientes, de su lealtad
y su amor.

   EN NUESTRO pensamiento estará usted
siempre, Además de hoy...

      Lo queremos mucho, Olga y Esther

1/4/97

Felicitaciones por el Día de los Padres.

CUBA

Padres: el responsable máximo en la procreación,
sin su concurso, no sería posible la existencia. Su Ab-
NEGADA labor como motor impulsor, guía y orienta-
dor de la familia es ineludible y está presente todos los días pero en específico éste, el 3º domingo de
Junio en cada año, se brinde homenaje.
POR su entrega incondicional al hogar que forjó con gran
dedicación, me uno a usted, para que brinde en mi nombre,
deseándole un feliz día.

   Lo quiero desde siempre,   EVERARDO FERNÁNDEZ

      Olga

No. 34

TRINIDAD, PATRIMONIO CULTURAL
DE LA HUMANIDAD. CUBA.
Hotel Horizontes Las Cuevas y Hotel Horizontes Costasur.

HORIZONTES
H O T E L E S
la mil paisajes

Hoteles Horizontes S.A. Calle 23 No. 156 e/ N y O, Vedado, La Habana, Cuba. Telf. (537) 33-4042, Fax (537) 33-3722,
Central de Reservas: 24 hrs. Telf. (537) 33-4042, Fax: (537) 33-3161; 33-4361, eMail:crh@sf.hor.cma.net
Internet: http://www.horizont.cu

CON RECONOCIMIENTO MERECIDO
A UN PADRE EJEMPLAR:

Desde que lo CONOCÍ
he sentido su presencia,
Y he ADMIRADO la eloCUENCIA
de sus consejos que he oído.

LLEGUE hASTA Ud. hoy mi ABRAZO
en que celebRA su DíA,
Y CON CARIÑO pROFUNdO
TodA la dichA del mUNdo,
Yo GUSTOSA le dARíA

OLGA

18/6/95.

Buenos deseos después de una operación.

agosto 23/1999

Everardo:

Aunque no hemos conversado ni lo he ido a visitar, he estado al tanto a través de David que no se ha sentido bien en los últimos tiempos; su ausencia lo denota y créame, lo hemos tenido muy presente.

Lo que más deseamos es que se recupere pronto y para ello, debe cui - darse y no hacer disparates; claro que ésto sólo lo cumplimos cuando el organismo emite su orden de "alerta"; mientras, abusamos.

La naturaleza ha sido pródiga con usted, pues lo hizo un hombre salu- dable y con muchas energías, las cuales volverá a recuperar, si Dios quiere, en breve tiempo.

Si en algo podemos ayudarle, estamos a su entera disposición.

Espero la visita de Milexy y las niñas lo haya alegrado mucho. Le da un saludo muy afectuoso de mi parte igualmente se lo haga llegar a -- Ulises, dígales que siempre les recuerdo.

Un abrazo con mucho cariño para usted y Estela.

Olga y Esther

Fredesvinda Moya Caballero, (Yandy). Consuegra.

A Everaldo Caridad Fernández Pantaleón
con todo cariño de Yandi

Everaldo fuiste ejemplo de todas tus amistades y
en una tumba no cabe ni tu cuerpo ni tu nombre.
De tus hijos el renombre fuiste gran educador y
toditos con pasión te vieron andar con prisa
como todo el que realiza su trabajo con amor

Esperanza Ruiz Aireado, (Déborah). Consuegra.

Conocí a Everaldo, cuando mi hijo menor, Miguel Sánchez era novio de su hija menor Magalys, matrimonio bendecido por Dios. Everaldo me quería mucho, visitaba mi casa y conversábamos largo rato. Coincidíamos en muchos temas, de religión, de política, de familia y de cuanto quería a sus hijos, entre otras cosas, criticábamos "lo que tú sabes", fueron tiempos muy felices.

Mi esposo y yo sentimos muchísimo su pérdida, notamos por mucho tiempo su ausencia en las fiestas familiares, su humor fino y la alegría de verlos a todos reunidos. Percibí que disfrutaba la familiaridad entre las personas, era un gran conversador, persona y amigo.

Tengo muchos recuerdos gratos del suegro de mi hijo Migue, Everaldo, solo señalaré uno de ellos. Un día que nos visitó en nuestra casa en horas tempranas de la mañana, iba en bicicleta, como de costumbre, nos sentamos mi esposo Miguel, Everaldo y yo en la sala de mi casa, nos pusimos a conversar, a reírnos con su gracia al hablar y nos agarraron las doce del día, pasó el tiempo y no recordé que tenía que hacer el almuerzo, recuerdo que decía la frase: y ya para terminar..., pero seguía hablando, ah! nos tomamos un café, pues él decía que en la única casa que lo aceptaba era en la mía.

Cuando hablábamos de la Biblia, siempre supe que él era cristiano, porque yo digo que hay "cristianos y cristinos", por supuesto, él se reía muchísimo. ¡Dios lo tenga en su Gloria!

Dra. Lázara Fleites Tejeda.

A Everaldo le conocí como todo médico a su paciente: en la consulta médica. Sorprendente fue que, entre tantos buenos doctores de experiencia, decidiera que la "novata" fuera quien le practicara la cirugía. Y la evolución del paciente se acompañó de la evolución de la amistad. Everaldo se convirtió en una persona querida y respetada por la familia. De hablar pausado pero rápido actuar. Con una historia de vida detrás de cada enseñanza que deseaba transmitir. Siempre presente en fechas importantes, y con la ayuda amiga en el momento justo. Everaldo es de las personas que se echan de menos sin importar cuánto tiempo hace desde el último café compartido. Es un honor saber que me consideraba una hija más, y a mi familia como parte de la suya propia. Un eterno abrazo que le alcance hasta donde está. Se le quiere siempre.

Vivian Bello Viera.

Un recuerdo grato de mi amigo Everaldo Caridad Fernández Pantaleón.

Lo conocí a través de su hija Gudelia, que fue compañera mía de estudios en Moscú, la cual siempre hablaba de su familia y en especial de su papá Everaldo.

En una ocasión él me contó que su labor pedagógica no había terminado con sus hijos, que la continuaba, educando a sus nietos; que él tenía un nieto que cuando se ponía a conversar con él, pone la mano en el marco de la puerta y la otra en la cintura y que se cansaba de explicarle que eso no se hace porque no es "ético".

Este es uno entre otros de los recuerdos gratos de Everaldo.

TESTIMONIOS

Everaldo a los 4 años, 1931.

El joven Everaldo a los 17 años en 1944.

Con un amigo en su primer camión de combustibles
a los 19 años en Camajuaní, año 1946.

Foto y dedicatoria a Estela en 1949 a los 21 años, iniciando compromiso.

A los 21 años en el pasillo de su casa en Conyedo, Santa Clara, 1949.

De cacería con su escopeta. Finca "La Ofelia", 1950.

Descansando en una hamaca en la finca "La Ofelia", en 1951.

Diploma de Mecánica Automotriz de la National School.

De visita en la finca de su compadre Daniel García en el año 2003

En el cumpleaños 80 de su amada Estela, año 2011.

Leyendo sobre filosofía, año 2012.

En su cumpleaños 85 junto a Estela, 1º de Abril, año 2012.

Everardo y Estela junto a su fiel perro Alí.

Escrito de Padre a hijos sobre el cubano.

El cubano

En el ochenta por ciento el cubano es un individuo sin desarrollo de los poderes perceptivos, que acepta cualquier dogma o superchería, lo mueve la envidia, soberbia y avaricia, sin preocupación, sistema de vida, rechaza la moral y los valores del espíritu, gentes llenas de crueldad dispuestas a la agresión y la violencia, un mago en aprovechar la situación que se presenta para sacar la mayor utilidad y lucro posibles, sea que surja un gobierno o situación política, siempre a la caza de la vía del menor esfuerzo.

Sin concepto de grupo, medrando y viviendo del esfuerzo ajeno, gran maestro del eslogan del "sálvese el que pueda", fácil de dominar, pues se alimenta del cuento doméstico, con un pobre concepto de la libertad, viviendo de la rutina y la mediocridad, amante de las pesas y medidas falsas, inventando, teniendo como primera divisa el robo antes de valerse del esfuerzo propio y menos crear, incapaces de revelarse ante la infamia de no saber conducirse por la razón, ateo, abrazando siempre el engaño, traiciona con gran facilidad por interés o por miedo, posee un gran recurso para justificarse en las situaciones de cambio, en fin con gran poder histriónico para fingir, lucrar y exhibir por fuera lo que no tiene por dentro, de gran maestría en buscar respuestas para justificarse. Sin virtud e ideales su mayor encanto es adorar extranjeros y consumirse en la violencia.

Dedicado a mis hijos.

FIN

Everaldo Fernández Pantaleón